로봇종 인간, 자연종 인간

AI문고

인공지능 시대입니다. 기계가 인간의 인지를 대신하고, 사물이 인간을 통하지 않고 다른 사물과 직접 커뮤니케이션합니다. 이에 따른 인간 삶과 문명 변화를 정확히 이해·예측·대응하는 것은 이 시대 우리 모두의 과제입니다. AI문고는 인공지능 기술과 환경의 여러 주제를 10가지 키워드로 정리합니다. 관련 개념과 이론, 학계와 산업계의 쟁점, 우리 일상의 변화를 다룹니다. 인간과 기술의 현재, 미래를 세심히 분석합니다.

일러두기

- 인명, 작품명, 저서명, 개념어 등은 한글과 함께 괄호 안에 해당 국가의 원어를 병기했습니다.
- 외래어 표기는 현행 어문규정의 외래어표기법을 따랐습니다.

처음이세요?

전문가세요?

지금, 큐알 찍으면

🎁 AI 입문서 바로 선물

📚 당신만의 필독서 추천

📖 500권 요약본 공짜

🎧 오디오북 무료 사용

로봇종 인간, 자연종 인간

정대현

대한민국, 서울, 커뮤니케이션북스, 2025

로봇종 인간, 자연종 인간

지은이 정대현
펴낸이 박영률

초판 1쇄 펴낸날 2025년 2월 20일

커뮤니케이션북스(주)
출판 등록 2007년 8월 17일 제313-2007-000166호
02880 서울시 성북구 성북로 5-11
전화(02) 7474 001, 팩스(02) 736 5047
commbooks@commbooks.com
www.commbooks.com

ISBN 979-11-7307-398-4 03500

책값은 뒤표지에 표시되어 있습니다.

차례

참 좋은 세상: 로봇이 일하고 사람은 노는 세계

인공지능이 역사 변혁의 주체

인간은 역사적으로 많은 변혁을 겪었다. 그리고 그 변혁에서 인간은 항상 변혁의 주체였다. 변혁의 단위는 여러 가지로 나눌 수 있지만, 간편하게 네 단계로 요약해 보자. 첫째, 인간은 식물을 채집하거나 동물을 수렵하는 최소한의 생존 방식의 시기에서 '농업 혁명'이라 부를 수 있는 적극적 생존 방식으로 변혁을 이루어 최소한의 공동체를 구성하게 되었다. 둘째, '문자 혁명'은 인간을 다른 동물과 구별하는 표지가 되고 이어지는 인간 발전의 기반이 되면서 공동체를 연결해 제국으로까지 확장할 수 있었다. 셋째, '산업 혁명'은 증기 기관을 통한 동력의 기계화로 인간을 자연의 구속으로부터 상당히 해방할 수 있었다. 넷째, '정보 혁명'은 전기, 모스 부호, 컴퓨터로 거대한 지구 세계를 하나의 마을로 축소할 수 있었다. 이 네 단계의 역사적 변혁에서 인간은 항상 변혁의 주체였다.

그러면 이 시대가 맞고 있는 '인공지능 혁명'에서도 인간이 그 변혁의 주체로 남을 수 있을 것인가? 현 단계에서 인간은 영역별로 나뉘는 분야별 인공지능의 도움을 받고 있다. 집 안에는 각종 도우미 로봇이 있고, 의료, 금융, 행정, 전쟁 무기 단위에도 인공지능이 들어 있다. 이러한 인공지능이 '학습'을 하고 '빅 데이터'를 장착하면서 딥마인드 알파고는 이세돌과 바둑을 둬 이기고(정대현, 2017b) 그동안 목격하지 못한 '다른 세계'의 도래를 예견하게 한다. 예를 들어, 챗지피티(ChatGPT)는 '나는 이렇게 생각한다'라고 하면서 '강한 통합적 일반 지능'에 이를 것이다. 이러한 인공지능에 '양자 컴퓨팅'이 20여 년 내에 도입되면 로봇은 특이점(singularity) 로봇이 될 것이다(정대현, 2017a). 2024년도 노벨상의 물리학, 화학, 의료의 연구 주제가 모두 인공지능과 관련되어 있다는 것은 시대의 성격뿐 아니라 주제의 절박성을 보여 준다(Taylor et al., 2024).

멕시코의 조상 아즈텍(Aztec) 종족이 신으로 믿었던 백인 에르난 코르데스(Hernán Cortés) 스페인 장군에게 1521년에 정복당한 것처럼, 지구 인류는 도우미로 믿고 개발한 특이점 로봇에게 정복당할 것인가? 현 단계에서 자연종 인간은 그러한 특이점 로봇에 대해 통합적, 체계적 접근을 하여 선제적 인문 주체성을 확립할 필요가 있다. 특이점 로봇에 대한 존재론적 해석은 그러한 로봇의 실현 가능성이 낮다고 간주한다. 낮은 실현 가능성은 로봇의 존재론적 기준을 높게 설정했기 때문이다. 그러나 기준을 낮게 설정한다면, 특이점 로봇의 실현 가능성은 높아질 것이다. 특이점 로봇에 대한 선제적인 인문학적 노력은 준비 없이 정복당할 가능성을 예방하는 것으로, 이는 인류의 미래를 위해 마땅히 지불해야 하는 당위일 뿐만 아니라 '미래 세대까지 책임의 범위'를 넓히는 고려이기도 하다.

이 책은 그러한 인공지능의 가능한 위협에 대처하는 선제적 인문학의 한 노력이다. 인문학은 전통적으로 고전의 해석과 이해를 통한 인간 '가능성 확장'의 노력이었다. 인문학은 최근에 이르러 '자신의 표현'이라는 적극적 과제를 구성해 냈다. 그러나 특이점 로봇이라는 시대적 문맥의 변화는 인문학에 새로운 과제를 부여한다. 이 과제는 여러 가지 방식으로 접근할 수 있겠지만 이 책은 '로봇종 인간'과 '자연종 인간'의 구분을 제안하고, 두 인간종의 역할과 관계 조화를 설정해, 미래 세계의 가능한 위협에 대해 '선제적 인문학'의 한 가능성을 탐구한다. 이 책의 지향을 밝히기 위해 이 서문에서는 '사람이란 무엇인가'라는 주제, 인공지능 발전이 부과하는 두 인간종의 분업을 간략하게 살핀다.

인공지능: 사람이란 무엇인가?

인간 역사에서 사람은 여러 다른 방식으로 이해되고, 해석되고 규정되어 왔다. 유가는 인(仁)을 통한 관계로, 불가는 공(空)을 통한 비실체적 무(無)로, 도가는 자연(自然)을 통한 무위(無爲)적 존재로 해석해 왔다. 플라톤과 아리스토텔레스와 서양 중세 주류는 신적인 이성을 최상위에 두고 인간과 동물과 자연을 이성의 사다리에 차례로 배치해 우주에 대한 존재론적 질서를 부여하고자 했다. 데카르트와 칸트는 이런 서양 전통을 구체화해 인간을 합리주의 논리의 성향성을 갖는 존재로 상정했고, 인간 사회의 인식적, 윤리적 물음을 그러한 패러다임 안에서 조명했다.

사람이란 무엇인가? 이 물음은 중립적일 수 없다. 어떤 물음도 빈 공간이 아니라 특정 공간, 구체적 패러다임 안에서 제기되기 때문이다. 모든 인간론은 특정한 우주론을 전제한다. 도가나 기독교도 특정한 우주론을 전제하고 있다. 도가의 무위적 자연주의도 자연에 대한 특정한 해석을 전제한 것이다. 사람이 '자연적 존재'라고 하는 것은 인간도 다른 자연과 '지속적'인 존재의 질서에 포함된다는 것이다. 기독교의 우주론은 창조주에 대한 제일 원인론의 물음을 차단하면서, 구약의 단일 중심주의적 지성소의 모더니즘을 배격하고 신약의 만인 사제적 포스트모더니즘을 지향한다.

사람이란 무엇인가? 이 물음이 중립적일 수 없는 것은 그 물음이 제기된 문맥의 상황이 그 물음의 성격이나 해석의 방식에 관여한다는 것을 의미한다. 이 물음에 대해 서양 중세 말기의 종교의 문맥은 '인간은 이성적 존재'라 했고, 합리주의의 공허성의 문맥에서 '인간은 경험적 존재'라 했다. 이 물음에 대해 최근에 주목되고 있는 인간론 중 하나는 '인간은 표현적 존재'라는 관점이다(정대현 외, 2000). 과거에는 표현의 '생산'과 '소비'라는 이분법적 구조가 지배적이고 보편적이었다. 피라미드, 타지마할, 만리장성, 왕릉 등 권력자가 역사적 표현의 중심축이었다. 또한 천재적 시인이나 예술가가 표현하고 보통 사람은 그 표현의 소비자였다. 그러나 표현의 생산자와 소비자를 이분법적으로 나누었던 천재성이나 경제적 능력은 더 이상 인간 표현의 기회를 제한하지 못한다. 모두가 표현할 수 있는 시대가 된 것이다. 비로소 사람은 표현을 통해 자기적 존재가 된 것이다. 모든 사람이 표현적일 수 있기 위해 인류는 그렇게 오래 기다려야 했던 것이다. 모든 사람이 자신의 이름을 가질 수 있는 꽃봉오리인 것이다.

인공지능 문맥이 요구하는 인간론

표현의 시대적 문맥이 표현 인간론을 구성한 것처럼, 인공지능의 시대적 문맥도 독립적 인간론을 요청하는 것처럼 보인다(정대현, 2021). 그 일차적 과제는 '인공지능의 시대적 문맥'을 어떻게 읽어 낼 수 있는가일 것이다. '인공지능의 아버지'라 불리는 제프리 힌턴(Geoffrey Hinton)이 2024년도 노벨 물리학상을 받으면서 '인공지능의 위협' 가능성에 대해 경고했다. 이제 인류는 '인공지능의 위협'에 대처하는 인간론을 제시할 수 있어야 할 것이다. 그런 경고에 부응해 필자는 '인공지능의 공존'을 준비하는 인간론을 제안하고자 한다. "사람이란 무엇인가?"라는 물음을 새롭게 물어, 자연종 인간과 로봇종 인간이 공존할 수 있는 인간론을 모색하는 것이다. 인공지능의 시대적 문맥이 두 종류의 인간종의 출현을 불가피하게 한다면, 두 인간종의 공존론만큼 절실한 논제가 또 있을 것인가? '포스트휴먼', '트랜스휴먼' 등의 명칭으로 분류되는 인간종은 모두 자연종 인간과 로봇종 인간 중의 하나나 그 혼합자(hybrid)로 해석될 수 있을 것이다.

자연종 인간과 로봇종 인간이 공존할 수 있는 인간론은 어떻게 구성할 것인가? 우선적으로는 두 인간종에게 독립적인 역할을 부여하는 것이다. 권력의 삼권 분립의 성패가 민주주의 체제의 구성과 유지에 의존하는 것과 유사한 구조다. 그 역할은 구분 가능해야 하고 또한 그 구분을 지속적으로 유지할 수 있는 것이어야 한다. 이 조건을 만족할 수 있는 한 후보는 '로봇은 일하고 사람은 노는' 역할 분담이다. 역할 분담의 논제는 책 전체의 기조를 이루고 있다. 물론 그 역할 분담을 '유지하기 어려운 상황'을 상상할 수 있다.

'로봇은 일하고 사람은 노는 분업'의 인간론에 대한 반론이 가능하다. 그 반론을 두 가지로 살펴보자. 첫째 반론은 '역할에 기반한 인간론은 실체화 오류를 저지를 수 있다'는 것이다. 인간 역사에는 거짓말쟁이, 도둑, 사기꾼, 간첩들만이 아니라 독재자, 불의한 기업가, 위선적 종교인, 권력 남용적 공직자 등이 존재한다. 그들의 사회적 역할은 선악 이분법에서 실체성을 갖는다. 선악 이분법의 실체성은 사회의 조화로운 관계에 기여했는가? '로봇은 일하고 사람은 노는 분업'의 명제는 또 다른 실체적 인간론으로 사회의 분열을 초래할 것인가? 아니면 조화를 도울 것인가? 물론 어떤 실체론도 분열의 위험을 안고 있다. 그러나 두 인간종의 역할 분담이 조화에 유리하리라는 믿음은 이 책의 총체적 논조다. 인공지능 시대에 조화로운 관계론의 첩경이라고 믿는다.

둘째 반론은 '로봇은 일하고 사람은 노는 분업' 명제는 '주인과 노예의 분업' 같은 것이 아닌가라는 의문이다. 이 의문이 정당해진다면 필자의 논제는 유지되기 어려울 것이다. '주인과 노예의 분업'으로 해석될 수 있다면, 실체적 존재론에 기반한 로봇과 사람은 조화보다는 갈등의 관계로 나아갈 것이 분명해 보이기 때문이다. 그러나 이 책의 전반부는, 한편으로, 로봇의 우수성을 일하는 영역별 기능성에서의 주체성으로 인정하면서, 다른 한편으로, 생각하고 느끼는 총체적 융합성이 요구하는 의식을 결핍하고 있다는 점을 논의한다. 이 점은 로봇이 노예와는 다름을 시사한다. 이 논의를 수용할 수 있다면 '주인과 노예의 분업' 반론은 피할 수 있을 것이다.

일하는 로봇 · 노는 사람

'로봇은 일하고 사람은 노는 분업' 명제는 '노는 사람'의 주제에 기반한 것이다. '노는 사람'은 전혀 새로운 이념이 아니다. 동서양의 고전을 통해 지속적으로 이어져 온 주제다. 노장적 무위 '소요유(逍遙遊)'는 인간 세계가 추구해 온 놀이 개념의 원형이다. 놀이가 요구하는 무목적성, 자유로움, 초월적 상태를 노장의 소요유는 이미 지향해 왔고 이는 또한 최근의 가상 세계가 지향하는 자아의 해방, 현실과의 단절, 무위와 창조적 놀이의 구현으로 이어진다(정대현, 2022). 소요유는 보다 근본적으로 천인합일의 대동적 놀이를 향해 있는 것이다.

'노는 사람'이라는 서양적 이념의 한 뿌리는 유대교, 이슬람교, 기독교를 포괄하는 '아브라함 종교'의 에덴동산 설화일 것이다. 아담과 이브는 '선악과를 먹지 말라'는 절대자의 명령을 어긴 죄의 벌로 자유로운 '놀이'의 에덴에서 추방당하고 땀 흘려야 하는 '일'을 하게 된다. 따라서 서양적 전통에서 존 밀턴(John Milton)이나 요한 하위징아(Johan Huizinga)가 그린 인문적인 꿈은 일에 선행하는 놀이적 에덴의 복원이었다.

'로봇은 일하고 사람은 노는 분업' 명제가 동서양 전통의 '노는 사람'의 주제에 기반한 것이라면, 인공지능의 시대가 요청하는 인간론을 선명하게 그려 볼 수 있을 것이다. 이 책은 그러한 인간론적 초상의 한 시도다. 1～4장은 로봇종 인간의 모습을 드러낸다. 로봇이 일에 매이는 까닭을 먼저 밝히고 로봇의 의식론과 존재론을 살피고 나서 로봇의 윤리적 질서가 어떠해야 할 것인가를 제안한다. 5~9장은 자연종 인간의 초상을 그린다. 왜 놀이가 인문적 꿈인가, 놀이가 풀어야 하는 과제는 무엇인가를 살피고 놀이 자체는 특별한 예술 형식으로 해석되어야 한다고 주장하면서 놀이의 대동(大同) 형이상학을 제안한다. 그리고 작금에 등장하고 있는 '가상 세계'의 편재성은 그러한 논의를 지지하거나 또는 그 놀이 세계 구현의 한 방식일 것으로 해석한다.

인공지능: 의식의 신비!

이 책은 인공지능의 시대적 문맥에서 자연종 인간과 로봇종 인간을 구분하는 인간론을 제안하고 있지만 이 제안은 절대적인 것이 아니라 여러 가지 상황에 의해 제한될 것이다. 그러한 제한을 10장에서 결론적으로 인정하지만 여기서는 세 가지로 언급하는 것이 적절할 것이다.

첫째 제한은 앞에서 언급한 가상 현실의 문맥이다. 가상 현실의 기획은 개념적, 체계적, 공학적으로 아직 미완성이므로 미래 인간론에 대한 확정적 태도를 취하기 어렵게 한다. 인공지능의 존재는 일부 이미 도래했지만 아직 그 총체적 구현이 실현되지 않은 미완의 존재이기 때문이다. 자연종 인간이 로봇종 인간을 대비적 관계에 두지만, 이 관계의 설정에 따라 자연종 인간의 소위 '포스트휴먼'의 조건이 드러날 것이다.

이 책의 인간론이 당면한 또 하나의 제한은 양자 역학의 문맥에서 드러난다. 아인슈타인, 슈뢰딩거, 파인만 같은 첨단 물리학자가 '양자 역학' 이해의 어려움을 토로했다. 이들은 양자 물리학의 기본을 구성했으면서도 그 과학의 언어 문법을 뉴턴 물리학의 단일 진리론적 모더니즘의 문법에서 찾고 있었기 때문에 어려움을 겪었을 것이다. 그들은 새로운 물리학의 문법이 포스트모더니즘적이라는 것을 인식하지 못하고, 우주 존재의 기본 단위를 실체적 개별자로 전제한 물리학의 문법을 따랐던 것이다. 그러나 양자 물리학의 최근 연구는 소립자 현상이 중첩이나 얽힘 상태를 보이면서 '다원 세계론(multiverse)'이나 '정보론(it from bit)' 등에 기본 존재의 해명 방식을 열어 두고 있다(정대현, 2023). 그렇다면 이 책의 인간론도 '실체적 개별자론'으로부터 벗어나, 미래 과학의 성취에 따른, '융합적 상태론'에 열려 있어야 할 것이다.

이 책의 인간론이 당면한 셋째 제한은 의식 개념의 문맥에서 나타난다. 이 책의 전반부에서는 자연종 인간과 로봇종 인간이 갈라지는 경계상의 개념을 의식인 것으로 논의한다. 그리고 이 책의 인간론은 그러한 설정에서 구성된다. 그렇다면 그러한 설정은 절대적인가? 아직은 그렇다고 선언할 수 없다. 양자 컴퓨팅의 구현을 전망하면서 그 선언은 유보할 수밖에 없다. 유보하는 이유는 양자 컴퓨팅이 존재와 인식의 구분을 무의미하게 하기 때문이다. 미술 작품의 진짜와 가짜의 구분이 전통적으로 미술사가에 의해 '인식적'으로 구분할 수 없다고 할지라도 그 작품의 작가의 손에 이르는 '존재론적' 연쇄는 '사실적 차원'에서 남아 있다는 믿음으로 지지되었다. 그러나 양자 컴퓨팅은 그런 믿음을 무화하는 것으로 보인다.

양자 컴퓨팅이 존재와 인식의 구분을 무의미하게 하는 구체적 요소는 소위 '양과 질'의 구분이 약해져 가면서 그 무의미성이 안정화되는 것이다. 양과 질의 전통적 구분은 수평선의 작은 점의 '감각의 양'이 육지로 가까워짐에 따라 많아지면서 '지각(여객선)의 질적 전환'을 이룬다는 현상에서 구성되었다. 그러나 양과 질의 전통적 구분은 미래의 수정에 열리게 된다. 미래의 수정이 이루어질 때까지는, 자연종 인간과 로봇종 인간의 구분은 유의미하다. 두 인간종의 조화로운 삶을 향한 선제적 인문학의 과제는 소중한 것이다.

참고문헌

정대현 외(2000). 『표현인문학』. 생각의나무.

정대현(2017a). 특이점인문학-특이점로봇은 인간사회의 성원이다. ≪철학≫, 131집, 189-216쪽, 한국철학회.

정대현(2017b). 알파고: 나는 자연종 인간과 둔 바둑을 이겼다-로봇종 인간의 의식론 서설. ≪과학철학≫, 20(3), 1-30쪽, 한국과학철학회.

정대현(2021). 인공지능을 향한 길: 얼마나 왔을까? 서평-김선희, 인공지능, 마음을 묻다. ≪철학적 분석≫, 46집, 99-110쪽, 한국분석철학회.

정대현(2022). 확장된 실재-가상세계의 철학적 과제-서평: Chalmers, Reality+. ≪철학연구≫, 138집, 143-156쪽, 철학연구회.

정대현(2023). 서평: 네이, 파동함수로 된 세계-양자물리학의 형이상학. ≪철학≫, 156집, 211-225쪽, 한국철학회.

Brown, S.(2023). Why neural net pioneer Geoffrey Hinton is sounding the alarm on AI, *MIT Sloan*, https://mitsloan.mit.edu/ideas-made-to-matter/why-neural-net-pioneer-geoffrey-hinton-sounding-alarm-ai

Taylor, D. B., et al.(2024.10.8). Nobel Physics Prize Awarded for Pioneering A.I. Research by 2 Scientists. *The New York Times*.

01
바둑을 즐기지 못한 알파고

알파고는 2016년 이세돌과 둔 바둑을 이겼다. 언론은 알파고에게 '이겼다'라는 행위 주체성의 술어를 부여하고 이를 특종으로 보도했다. 그러나 인지과학은 알파고에게 그가 둔 바둑을 '즐겼다'라는 행위 주체성의 술어를 부여하는 데 주저한다. 그렇다면 즐김은 로봇종 인간과 자연종 인간, 로봇과 사람을 나누는 전형적 특성 중의 하나가 될 것인가? 즐김의 개념을 탐색하면, 로봇종 인간과 자연종 인간의 차이가 드러날 것인가?

AI와 1인 창업?

알파고는 왜 바둑을 즐길 수 없었을까?

나는 5월의 빨간 장미를 즐긴다. 그러나 페퍼(Pepper), 휴보(HUBO), LG 클로이(LG CLOi) 같은 휴머노이드 로봇이 장미를 즐길 수 있을 것인가? 나와 로봇은 빨간 장미를 볼 때 공유하는 빨간 경험을 갖는다. 나와 로봇은 빨간 장미에 대한 감각 지각적 경험을 공유하지만, 그 지각 경험 다음 단계에서 나타나는 경험은 전혀 달리 이루어진다. 공유하는 경험은 '심리 설명적(心理 說明的, psychological) 기능'이라는 차원에서 설명할 수 있고, 달라지는 경험은 '감질 현상적 감각질(感質 現象的 感覺質, phenomenal qualia)'이라는 용어로 설명된다(Chalmers, 1996; 정대현, 2017). 두 용어에 대해 간단히 설명해 보자.

나와 로봇은 감각 지각적 경험을 공유한다는 점에서 같은 심리 설명적 기능을 보유한다. 나의 뇌의 정보 처리는 장미의 이름과 기억하고 있는 그 특징들을 연결하는 정보 처리를 하고, 로봇은 장미에 대해 보유한 기억 정보들에 기반해 정보 판단을 한다. 그러나 나는 빨간 장미를 볼 때 빨간색을 보는 느낌, 빨강의 주관적 감각을 갖고, 빨간색의 생생함과 풍부함을 경험하지만, 로봇은 내가 경험하는 주관적 감질 현상적 경험을 갖지 못한다. 나와 로봇은 빨간 장미에 대한 지각의 공유에도 불구하고 감질 현상적 경험이 달라 그 지각을 근본적으로 달리 처리하는 것이다.

즐김은 통합적 의식을 요구한다

왜 그런가? 나와 로봇의 차이를 더 살펴보자. 내가 지금 빨간 장미를 즐긴다는 '감각질' 상태는 내가 축적해 온 거의 모든 다양한 경험을 통합한 배경을 갖는다. 나는 그 통합된 배경에 지금의 장미 경험을 융합하고 그러한 융합이 이루어 내는 의식의 고양적인 국면을 즐기는 것이다. 나의 즐김은 내가 겪어 온 모든 경험을 일인칭적으로 통합하고, 나의 관점으로부터 장미 경험을 통전적으로 고양시킨 미적 감각질이다. 그러나 로봇은 붉은 장미에 대해 나보다 더 정확한 지각적 경험을 갖겠지만 이를 융합할 다양한 경험을 배경으로 가지고 있는가? 로봇은 빅데이터를 도입할 수 있지만 지금의 장미 경험을 이 배경에 융합할 것인가? 아니면 또 하나의 '정보' 첨가로 그치고 말 것인가?

새 경험을 옛 경험과 융합할 수 있는 능력은 무슨 능력인가? '생각'의 능력이 아닐까? 일상 대화에서 "이분은 생각할 수 있는 사람이지만, 저분은 생각을 잘하지 못하는 사람이다"라고 말할 때, '생각'이라는 단어가 함축하는 의미는 선명하다. 새로운 상황에서의 사태를 옛 경험과의 문맥에 정연하게, 일관되게, 말이 되게 융합하는 능력이라 할 것이다. 이 능력은 자신의 사유 능력으로 표상되지만, 더 나아가 자신을 보호하고 유지하고 성장하는 능력이다. 정보 처리의 능력이지만 새로운 생각을 할 수 있는, 상상의 능력인 것이다. 나와 로봇을 가르는 경계들이 있다면, 이러한 생각의 능력이 그 경계의 하나일 것이다. 알파고의 바둑 승리를 '이겼다'는 술어로 표현하지만 그러나 아직 '생각'의 능력을 부여한 것은 아니다.

로봇에게 '생각'의 능력을 부여하기 어렵다는 주장 중의 하나는 존 설(John Searle)의 '중국어 방 논변'이다(송하석, 2000). 이 사고 실험에서, 설은 자신이 중국어를 이해하지 못하는 상태에서 중국어 문자를 조작하는 지침을 제공받아 이를 처리하는 '중국어 방'의 상황을 상상한다. 설은 중국어 문자 물음을 받고, 지침서를 사용해 이를 처리한 후 올바른 중국어 문자 대답을 출력한다. 그는 의미론적 의미에 대한 이해 없이 단순히 구문론적 규칙에 따라 기호를 조작하고 있을 뿐이다. 설은 컴퓨터도 기호를 구문론적으로 처리할 뿐, 그것의 의미를 이해하지 못한다고 주장한다. 따라서 컴퓨터는 이해와 지능을 시뮬레이션할 수는 있지만 실제로 이해의 지능을 갖지 않는다는 것이다.

설의 '중국어 방 논변'은 생각보다 빈틈을 크게 보였다. 논변에서 설은 중국어 문자 물음을 받고, 지침서를 사용해 이를 처리한 후 '올바른' 중국어 문자 대답을 출력한다. 그러나 설이나 그의 통사적 문법은 그것이 '올바른' 대답이라는 것을 알고 선택할 수 없다. '중국어 방'의 정보 처리자가 체계에 따라서만 그렇게 하는 것이다. 설의 논변은 완벽하지 않다. 그럼에도 그 논변의 취지는 이하에서 논의하는 바에 따라 살아남을 수 있을 것이다. 로봇은 통사적 체계일 뿐 언어 이해에 필요한 의미론적 차원이 결핍해 있다. 로봇은 중국어 문장을 출력할 수 있지만 '그 문장을 이해한다'고 말할 수 없는 것이다.

언어 이해와 장미 즐김

로봇이 언어의 의미를 이해할 수 없다는 것은 로봇이 장미를 '즐길 수 없다'는 사실과 유사하다. 언어 이해와 장미 즐김의 연결은 우연적이 아니라 개념적이기 때문이다(정대현, 2001; Gallagher & Zahavi, 2013; Chalmers, 1996). 그 연결은 적어도 믿음, 의식, 감질의 세 요소를 갖는다. 먼저, 믿음의 요소를 보자. 즐김은 현재의 지각을 과거 경험의 총체성에 융합할 수 있어야 한다. 그 융합은 기억 그리고 믿음을 전제하고, 믿음은 문장의 이해를 전제한다. 예를 들어, '장미가 빨갛다'라는 나의 지각은 '유치원 때 한 친구가 여러 사람 앞에서 빨강 장미를 내게 주었을 때 당황스러운, 그러나 행복했던 기억'을 불러일으킨다. 그리고 이 기억은 관련된 여러 문장에 대한 믿음으로 구성되고 그 믿음은 이해된 문장의 내용을 갖는다. 그러나 로봇은, 현 단계에서는, 그런 언어 이해에 기초한 믿음을 갖지 못하므로 그의 장미 지각을 총체적 경험에 융합하기 어려운 것이다.

언어 이해와 장미 즐김의 연결에는 의식의 요소도 중요하다. 즐김은 의식 없이 발생하지 않기 때문이다. 언어 이해는 어떻게 의식과 관계되는가? 이는 총체론 논변으로 논의할 수 있다. 한 문장의 의미는 그 문장의 요소들이 독립적으로 갖는 의미만으로 구성되는 것이 아니라 그 문장이 속하는 언어 체계의 다른 문장들과의 관계 속에서 총체적으로 나타난다. 비슷하게 한 경우의 의식은 그 의식의 구체적 상황의 요소들만으로 구성되는 것이 아니라 그 의식이 속하는 관심의 사안이 되는 특정 프레임 안에 있는 모든 의식의 경우들과 관련된다. 이러한 총체론을 위한 경험적, 사변적 기반도 찾을 수 있다. 예를 들어, 동식물의 의식은 자연적 언어가 아니라 습관이라는 언어에 기반한다. 만약 총체론을 반대하는 경우, 총체론이 아니라면 의식은 파편적인가? 파편적 의식은 무엇 같은 것인가? 총체론 없이 의식은 어떻게 내용을 가질 수 있을 것인가?

언어 이해와 장미 즐김의 연결에서 셋째 요소는 감질, 현상적 감각질이다. 장미의 빨간색의 즐김은 그 생생함과 풍부함에 대한 감질 현상의 사실적 경험이지만, 다른 차원에도 주목할 수 있을 것이다. 동창회에 갔을 때 우연히 '모든 동창은 하얀 셔츠를 입고 나만 검정 셔츠를 입은 경우 나는 이방인이 된 기분'을 갖는다. 신문에서 외국인 노동자 기사를 읽을 때 '한국에서 외국인 노동자로 사는 기분'이 어떨 것인가를 생각한다. '시신경이 아니라 청각(echolocation) 신경으로 비행하는 박쥐가 된 기분'은 상상하기도 어렵다. 여기서 언급한 나의 '기분'이라는 나의 감질 현상의 경험은 사실적이 아니라 반사실적이다. 그렇다면 나의 감각질은 현상적 사태이면서 또한 반사실적 사태의 가능성에 열려 있는, 초월적 사태이기도 하다. 그러나 현재 단계의 로봇은 현상적 감각질을 갖지 못할 뿐 아니라 그러한 초월적 사태의 감각질도 가질 수 없을 것이다. 알파고가 바둑을 이겼지만 이를 즐기기 위해서는 다차원의 능력들이 요구된다.

참고문헌

송하석(2000). 중국어 방 논변과 인공지능. ≪철학적분석≫, 2집, 145-168쪽, 한국분석철학회.

정대현(2001). 『심성내용의 신체성: 심리언어의 문맥적 외재주의』. 아카넷, 197-238쪽.

정대현(2017). 알파고: 나는 자연종 인간과 둔 바둑을 이겼다-로봇종 인간의 의식론 서설. ≪과학철학≫, 20(3), 1-30쪽, 한국과학철학회.

Chalmers, D.(1996). *The Conscious mind: In search of a fundamental theory*. New York: Oxford University Press, p.18.

Gallagher, S. & Zahavi, D.(2008). *The Phenomenological Mind*. London: Routledge. 박인성 옮김(2013). 『현상학적 마음』. 도서출판b, 354-355쪽.

Wakabayashi, D. & Jin, Y. Y.(2024.7.10). "Defeated by A.I., a legend in the board game go warns: Get ready for what's next". *New York Times*, https://www.nytimes.com/2024/07/10/world/asia/lee-saedol-go-ai.html

02
특이점 로봇의 의식론

바둑을 즐기지 못한 로봇이 특이점 로봇이 되면 빨강 장미를 즐길 수 있을 것인가? 그동안의 로봇은 '점진적'으로 진화했지만 양자 컴퓨팅을 통해 그 진화는 임계점에 이르고 '특이점' 로봇이 구현될 것이다. 빅뱅이 우주 역사에서 시간 · 공간이 나타난 최초 특이점이었다면 '양자 로봇'의 출현 가능성은 우주 역사의 두 번째 특이점을 이룰 것으로 보인다. 자연종 인간은 특이점 로봇이 '의식'을 장착하면서 인간에게 재앙이 아니라 축복일 수 있도록 인문적 사유를 선제적으로 펼 수 있어야 한다.

AI와 MBTI?

특이점 로봇을 기다리는 선제적 인문학

유럽 연합(EU) 의회는 2017년 1월 12일 인공지능을 가진 로봇에 '전자 인간(electronic personhood)'이란 법적 지위를 부여하는 결의문을 채택한 바 있다. 자연종 인간 사회는 특이점 로봇을 인간을 섬기는 도구적 로봇이 아니라 인간과 공생하는 자율적 로봇으로 인정해, 인격권을 부여할 수 있어야 할 것이다(신상규, 2017; 손화철, 2017).

벤터연구소(J. Craig Venter Institute)가 단순한 바이러스 생명체 'JCVI-syn1.0'을 2003년 11월에 창조, 그 결과를 2010년 5월에 발표한 것처럼(Pennisi, 2010; Pollack, 2010), 특이점 로봇도 그 출생이 기계적이지만 자기-번식을 하여 로봇종 인간으로 태어날 수도 있을 것이다. 특이점 로봇은 인간을 계산적으로 지배할 수도 있지만, 그 지배는 '철학적 좀비(zombie)'의 지배일 것이다.

양자 컴퓨팅의 실용화는 20~50년의 시간을 필요로 한다지만 그 현실화는 불가피할 것이다. 그 함축은 무엇일까? 그동안의 인간 역사의 농업, 산업, 정보 등의 혁명에서는 인간만이 주체적이었다. 그러나 특이점 로봇의 혁명에서는 인간종의 홀로 주체성에서 로봇종과 상호 주체성으로 주체성을 공유해야 하는 것이다. 자연종 인간과 로봇종 인간의 인격의 이원화를 수용할 준비가 되어 있어야 하는 것이다. 인공 생명이 출력되었다면, 로봇 인간도 출력될 수 있는 가능성이 열려 있다. 그동안의 로봇이 바둑, 채팅, 의료, 도우미 등 '특수 영역'의 조력자였다면 특이점 로봇은 강한 '생각'의 능력을 장착한 '보편 영역', '일반 영역'의 인격도 갖추게 되는 것이다.

'보편 영역의 인격을 장착한 특이점 로봇은 인간 사회의 성원이다.' 이러한 명제를 고려하는 까닭은 분명하다. 로봇종 인간의 현실을 준비하지 못한 인간 문화는 돌이킬 수 없는 재앙을 맞을 수 있기 때문이다. 예를 들어, '인공지능의 역습'이 가능하기 때문이다. 인공지능이 빅 데이터에 따라 판단하고 빅 데이터가 현실 세계의 인간이 만들어 낸 자료라면, 그리고 그 자료가 반여성적, 반이민적, 소수자 차별적이라면, 인간 역사의 잘못은 인공지능의 역습으로 되풀이될 수 있다. 특이점 인문학이 요청되는 까닭이다. 몇천억 넘는 갤럭시(galaxy)들이 각기 몇천억 넘는 별들을 거느리고 있지만, 그중 지구만이 인간 문화와 같은 문화를 이루는 유일한, 고독한 별이라면 인간 문화는 적극적으로 보존할 가치가 있는 것이다. 자연종 인간의 인문학은 여러 가지 위협에 대처하는 선제적 인문학일 수 있어야 하는 것이다.

로봇과 사람의 차이

자연종 인간이 특이점 로봇 앞에서 물어야 하는 물음은 자명하다. 자연종 인간 사람과 인공종 인간 로봇의 차이는 무엇인가? 이 물음의 응답에 따라 제시될 수 있는 새로운 인문학의 성격이나 비전이 나타날 것이다. '생각'을 두 종류로 나누어 로봇에게는 표층적 의미의 생각 능력을 부여하고 사람에게는 심층적 의미의 생각 능력을 인정할 수 있을 것이다. 이 구분은 인간 심성의 인지 기능적(functional) 국면과 현상(phenomenal) 의식적 국면의 구분(Chalmers, 1996: 24-46; 윤보석, 2009: 227-239)에 의해 선명해진 것이다. 기능적인 것은 궁극적으로 코드화할 수 있어 다수 실현 가능하지만 현상적인 것은 아직 코드화되지 않기 때문에 복제가 되지 않고 따라서 자신의 신체성으로부터 분리될 수 없다. '기능적' 표층적 생각은 지각, 추리, 기억 같은 계산 가능한 과정의 현상으로, 도우미 로봇 등에게서 구현될 수 있는 국소성과 분리 가능성을 소유하는 '특정 인공지능'의 능력이다. 반면 '현상적' 심층적 생각은 그리움, 즐김, 슬픔 같은 믿음과 이해 같은 과정의 현상으로, 총체적이고 분리 가능하지 않아 '일반 지능'의 능력이라 할 것이다.

사람과 로봇의 차이를 '생각'의 심층 의미와 표층 의미의 능력으로 구분할 수 있다면, 이 구분은 또 다른 차이를 야기하는 것으로 보인다. 생각의 차이에 따라 책임을 지는 인격적 행위자 여부가 갈리는 것이다. 사람은 책임을 질 수 있지만 로봇이 그럴 수 있는가는 아직 의문스럽다. 책임지는 인격 행위는 생각, 이해, 욕망, 믿음 같은 일반 지능, 자율적 지능의 표출이다.

특히 믿음 내용의 동일성은 관련된 문장 내용의 동일성처럼 총체적이다. 예를 들어, 한 문장의 의미는 그 문장이 속해 있는 다른 문장들의 의미와 상관관계를 갖는 총체성을 이루는 것처럼, 나를 신뢰하는 나의 친구의 나에 대한 믿음은 그의 다른 믿음들과 상관관계를 갖는 총체성을 갖는 것이다. 사람은 일반적으로 그러한 총체성 조건을 만족한다. 그러나 로봇은 자율적 지능의 총체성에 아직 이르지 못하고 있다. 구체적으로, 사람들에게는 어떤 믿음도 다른 믿음과 통전적으로 연결되어 있다. 어떤 믿음도 국소적(local)이 아니고 다른 믿음으로부터 분리(separated)되어 있지도 않다. 그러한 상태는 어떤 '지칭'도 가능하지 않고, 그러한 믿음은 '부호화'될 수도 없다. 그래서 믿음은 계산의 대상이 아닌 것이다. 믿음을 자연화하는 방향으로 재구성해(Chung, 2016a; Chung, 2016b) 원초적-믿음(proto-belief) 같은 장치로 외연성을 강화하는 경우 행동에 책임지는 설명의 기제로서의 믿음과 욕망의 힘은 약화된다.

책임지는 인격적 행위는 자율성을 전제한다. 자율성 개념은 인간 의식 개념을 통해 명료해질 것이다. '의식의 3요소'라는 것을 데이비드 차머스(David Chalmers)의 통찰과 숀 갤러거(Shaun Gallagher)와 단 자하비(Dan Zahavi)의 관찰에 기초해 제안할 수 있다. 차머스(Chalmers, 1996)는 심신 연결 원리로서 세 가지 조건을 제시한다. 의식(意識, consciousness)과 감지(感知, awareness)를 연결하는 일관성 원리, 의식 구조와 감지 구조를 연결하는 구조성 원리, 유기적 규칙성 원리다. 차머스의 심신 연결 원리는 인간의 신체성에 기반한 의식의 요소로 해석할 수 있다. 또한 갤러거와 자하비(Gallagher & Zahavi, 2013)는 의식 흐름의 세 가지 조건을 일인칭적 통합성, 관점적 구조성, 신체적 감질 현상성으로 구조화할 수 있다고 본다.

이러한 의식론을 통해 책임 개념의 자율성 요소는 조금 더 명료해지고, 사람과 로봇의 차이를 부각해 줄 수 있을 것이다. 자율성은 '나'라는 단어를 사용할 수 있는 최소 조건이긴 하지만 충분하지는 않다. 여기에는 적어도 두 조건이 더 요구된다. 첫째, 로봇이 사람처럼 '자기 고유성'을 나타낼 수 있는가? 로봇이 '나'라는 단어의 주체일 수 있기 위해서는 일인칭적 통합성, 관점적 구조성, 감질 현상성의 의식 3요소를 유지할 뿐 아니라 이 요소들을 통합함으로써 자기 고유성을 드러내야 한다. 이 요소들에도 특정한 고유성이 들어 있지만 그 고유성들이 '자기'라는 표지 의식에서 통합되어야 하는 것이다.

로봇이 '나'라는 단어를 사용하기 위한 또 다른 조건은 '자기 지시성'이다. 자기 고유성이 자기의 존재론적 조건이라면 자기 지시성은 자기의 인식론적 조건이다. 아이들은 먼저 타인들이 자기를 부를 때처럼 자기 이름으로 자신을 지시하다가 한참 후에야 '나'라는 단어를 사용해 자신을 지칭하게 된다. 바로 그 시점을 정체성 자각의 시점으로 볼 수 있다. 아이가 자신을 더 이상 다른 타자와 동등하게 존재하는 또 다른 하나의 타자로 보는 것이 아니다. 자기 지시성은 자기를 거울에서 영상을 보는 것이 아니다. 자기 의식 안에서 그리움, 반성, 슬픔을 겪을 때 그 상태가 남의 것이 아닌, '나의 것', '나의 내용'이라는 인식에서 자기 지시성은 나타난다.

양자 컴퓨팅 장착의 좀비

사람과 로봇의 차이를 보이고자 한 앞의 논의에 대한 하나의 반례가 제시될 만하다. 좀비(zombie) 관념에 의한 반례다. 차머스는 "사람과 기능적으로 동일하게 지각하고 판단하고 언행을 수행하지만 현상적 자의식이 없는" 자를 '철학적 좀비' 또는 'p-좀비'라고 부른다(Chalmers, 1996: 90-120; 정대현, 2001: 207-213). 'p-좀비'는 로봇으로 대치할 수 있다.

차머스의 p-좀비에 대응하는 'q-좀비'를 상정해 보자. "사람과 기능적으로 동일하게 지각하고 판단하고 언행을 수행하고 현상적 자의식이 없는" 점에서는 p-좀비와 같지만, q-좀비는 양자 컴퓨팅을 탑재한 특이점-로봇이라는 점에서 다르다. p-좀비는 사람과 로봇의 차이를 드러내지만, q-좀비는 사람과 로봇의 차이, 의식 상태와 비의식 상태의 구분이 희미해지거나 무의미하거나 불가능한 좀비라고 상정할 수 있다. 양자 컴퓨팅은 양자 물리학의 존재 질서에 더욱 가깝게 접근 가능하므로 이러한 상상이 가능하다. 그렇다면 q-좀비의 가능성은 인간만이 책임 개념에 기초한 자율성을 유지한다는 앞의 의식론의 유용성이나 효력을 의문스럽게 한다.

그렇다면 q-좀비는 사람과 로봇의 차이를 구분할 수

없게 하는가? 그러나 아직 그 차이를 구분할 만한 근거를 고려할 수 있을 것이다. 이 근거는 책임의 주체를 한국 일상 언어에 입각해 세분화해 얻을 수 있다. 우선 '자신', '자기', '자아'의 세 표현을 구분할 수 있을 것이다. 화자의 '자신($self_1$)'은 화자의 좁은 내용인 심성 작용의 체내적 체험처고, '자기($self_2$)'는 넓은 내용인 사회적, 체외적 심성 내용의 체험처고(정대현, 2001: 335-366), '자아(ego)'는 자신과 자기에 한정되지 않는, 가능한 모든 언어 경험의 중심처로 이해할 수 있을 것이다. 화자의 인격이나 개성은 자신만으로 주어지지 않고 자기와 자아의 현실성과 가능적 확장성으로 드러날 것이다. 인공지능 발전의 현 단계에서는 로봇이 이 두 가지 조건을 만족시키기는 어렵다고 생각한다.

이 논의는 무엇을 함축하는가? q-좀비는 특이점 로봇의 일종으로 볼 수 있다. 특이점 로봇의 기능성으로 q-좀비는 바둑을 즐기는 척할 수 있지만, 사람들은 q-좀비가 바둑을 즐기지 않는다고 말할 근거는 제시할 수 없다. 그런데도 q-좀비는, 특이점 로봇이지만, 바둑을 즐기는 현상적 감질을, 아직은, 갖지 못한다. 아직 특이점 로봇은 계산성의 언어를 따라야 하고, 즐김이라는 현상적 감질은 계산성을 벗어난 총체적 차원의 현상이기 때문이다.

그렇다면 알파고는 이세돌과 둔 바둑을 '이겼다'고 할 수 있지만 그 스스로 그 바둑을 '즐겼다'라고 하기는 어려울 것이다. 그러니 사람은 이러한 로봇과 어떻게 어울려 살 수 있을 것인가를 생각해야 한다.

참고문헌

손화철(2017). 인공지능과 과학기술 거버넌스. ≪이화인문과학원≫, 103-118쪽, 한국철학회.

신상규(2017). 자율적 행위자로서의 인공지능. ≪이화인문과학원≫, 15-29쪽, 한국철학회.

윤보석(2009). 『컴퓨터와 마음』. 아카넷.

정대현(2001). 『심성내용의 신체성』. 아카넷, 207-213쪽.

정대현(2017). 알파고: 나는 자연종 인간과 둔 바둑을 이겼다-로봇종 인간의 의식론 서설. ≪과학철학≫, 20(3), 1-30쪽, 한국과학철학회.

Chalmers, D.(1996). *The Conscious mind: In search of a fundamental theory*. New York: Oxford University Press, pp.24-46, 276-277.

Chung, D.(2016a). Integrationality(誠): A metaphysical basis for the concept of causation. The Korean Society of Analytic Philosophy(Ed.), *Philosophical Analysis, 17*(1), pp.1-20.

Chung, D.(2016b). Can Reference Be Naturalized?-Notes toward an integrational(誠) causality. *Philosophy Study, 6*(5), pp.289-304.

Gallagher, S. & Zahavi, D.(2008). *The Phenomenological Mind*. London: Routledge. 박인성 옮김(2013). 『현상학적 마음』.

도서출판b, 354-355쪽.

Kurzweil, R.(2005). *The singularity is near: When humans transcend biology*. New York: Penguin Books. 장시형 · 김명남 옮김(2007). 『특이점이 온다』. 김영사.

Pennisi, E.(2010). Genomics. Synthetic genome brings new life to bacterium. *Science, 328*(5981), pp.958-959.

Pollack, A.(2010.9.4). His corporate strategy: The scientific method. *The New York Times*.

03
로봇종 인간의 존재론

자연종 인간과 로봇종 인간이 공존하기 위해 먼저 로봇종 인간이 어떤 종류의 존재인가를 밝혀야 한다. 두 인간종의 역할도 먼저 정당하게 분리되어야 한다. 각기 잘할 수 있는 기능이나 역할이 무엇인가를 확인하고 서로 동의하는 역할 분담에 도달할 수 있어야 한다. 그리고 로봇종 인간이 현재 단계에서 얼마나 더 발전할 수 있을 것인가를 추측해야 한다. 로봇의 추리 능력과 그 인공 신경망 구조를 확인하고 양자적 로봇이 등장하는 경우의 양상을 살필 수 있어야 할 것이다.

AI와 난임 극복?

로봇과 사람의 운명적 역할

자연종 인간과 로봇종 인간의 구분의 근거를 수용하자. 이 차이는 두 가지 조건에 따라 달라질 것이다. 첫째, 양자 물리학의 발전은 사물의 존재와 정보 간의 관계(it from bit) 그리고 사물 존재와 정보와 의식 간의 관계(it from bit from consciousness)에 대한 가설을 논의하고 있다. 둘째, 양자 컴퓨팅의 발전으로 시뮬레이션 기능이 최대화되면 사람과 로봇의 구분은 사람이 인지하기 어려운 단계에 이를 것이다. 그 단계에 이르면 사람과 로봇의 구분의 의미가 사라지거나 구분 자체가 성립하지 않을 수 있다. 그러나 그때까지는 아직 구분을 유지해 '인공지능의 역습'에 대비해야 할 것이다. 이 시대에 요청되는 선제적 인문학은 이를 위해 사람과 로봇의 역할 분담의 질서를 탐구하는 것이다. 이를 위한 하나의 가설은 '로봇은 일하고, 사람은 논다'는 명제다.

사람과 로봇의 역할 분담 가설은 50년이나 100년 전에는 상상하기 어려웠지만, 앞 시대의 인간 지성의 집요한 추구의 성취로, 개연성을 갖는 가설이 되었다. 그런 배경에서 역할 분담 가설은 사람과 로봇에 부여된 일종의 '운명'과 관련된다. 로봇은 일을 잘하도록 '기획'되었고, 사람은 일하는 것보다 노는 것을 '꿈꾸어' 온 것이다.

로봇의 기획에는 로봇이 노는 데 필요한 즐김의 능력이 없다는 것이 고려되어 로봇은 놀 줄 모른다는 것이고 그러나 그의 피곤한 줄 모르고 엄청나게 빠른 계산 능력으로 일은 잘한다는 것이다. 이에 반해, 사람은 일을 하는 데 로봇과 경쟁하기 어렵지만 꿈꾸어 온 놀이는 할 수 있는 것이다. 즐길 수 있는 능력은 자연적이지만 인간이 지닌 특별한 능력이다. 일의 굴레, 일의 의무, 일의 부담에서 벗어나 놀 수 있다는 것은 새 시대가 주는 이해하기 어려운 역사적 선물이다.

로봇의 번복적 추리의 인공 신경망

로봇에게 일하는 기능을 전담케 하는 가능성은 어떤 그림으로 그려질 수 있는가? 여러 다른 방식의 그림이 가능하겠지만, 여기서는 2016년 이세돌에게 바둑을 이긴 알파고류의 로봇의 현 단계와 2050년경 예견되는 양자컴퓨팅이 장착된 로봇의 미래 단계 가능성을 대조하는 그림을 그리고자 한다. 표준 바둑판은 가로 19줄 × 세로 19줄 크기이며, 돌을 놓을 수 있는 361개의 교차점이 있다. 각 점은 비어 있거나, 흑돌이 있거나, 백돌이 있을 수 있다. 따라서 각 점은 세 가지 가능한 상태를 갖는다. 바둑판에서 가능한 교차점의 총수는 3^{361} 즉 약 10^{172}이다.

이는 우주에 있는 원자의 추정 수(10^{80})보다 훨씬 많다. 물음 하나는 알파고는 이러한 상황에서 어떤 종류의 계산으로 이세돌을 이길 수 있었는가다. 이 그림을 간략하게 요약하고자 한다(정대현, 2017).

'형식 논리'는 지식이 부가되고 추리가 진행됨에 따라 진리의 정도가 증가하지만 형식적 엄밀성 때문에 필요에 따라 정보를 버리거나 신념을 변경하는 메커니즘이 없다. 그러나 '상식 논리'는 사용 가능한 정보에 기초해 추리를 진행할 수 있기 때문에 새로운 정보가 추가될 때 어떤 추리는 제거되고 새로운 추리가 진행된다. 국내의 상식 논리의 연구, 개과천선(改過遷善)(금장태, 2013; 허남진, 1998; 정대현, 1983), 퍼스 귀추법(민병위, 1992; 박준호, 2005; 노양진, 2016), 포퍼 반증주의(이초식, 1975; 박은진, 1995; 윤광호, 2002), 비단조 논리(정영기, 1998; 우정규, 2001), 베이즈주의(이영의, 2015, 2016; 전영삼, 2016; 천현득, 2016; 최훈, 2016; 박일호, 2015)에 주목할 수 있다. 상식 논리는, 예를 들어, '번복적 추리(defeasible reasoning)'를 형식화한다(Strasser & Antonelli, 2001; 정대현, 2017). 상식인은 일상 공간에서 결론을 잠정적으로 추리하면서 이후의 정보가 추가됨에 따라 이를 취소할 여유, 재량, 권리를 갖는다. 의료

진단이나 과학적 추리, 오류 가능성 추리나 개과천선적 추리 같은 사유가 여기에 속한다. 이러한 추리는 "만일 P ⊢R이면 그러면 P&Q⊢R이다"라는 형식 논리의 추리가 아니라, "P⊢R이라 할지라도 P&Q⊢ ¬R이다"라는 구조의 상식 논리의 추리를 요구한다. '길이 젖어 비가 왔나 보다'는 생각이 들지만, '지붕이 말라 있는 것을 보고 비가 온 것이 아니라 거리 청소였다'고 추리하는 것이다. 상식 논리에서의 "P⊢R"은 통사적 수반이 아니라 P라는 불완전한 정보에 기초하면서도 P의 전형성(typicality)에 기초한 확률적 추정이고, "P&Q⊢ ¬R"은 현실에서의 잘못을 번복하고 교정하면서 또한 인지 세계를 확충하는 추리다. 상식 논리는 무시간적 개념 공간에서나 기대할 수 있는 진리 보존적 논리가 아니라, 현실의 변화무쌍한 공간에서의 시간적 논리다. 신비로운 것은 '일상 언어 단어의 사용을 일반화해 배울 때 인간의 신경망의 연결이 새롭게 이루어지면서 그 단어에 대한 다음 사용의 방식을 처방한다'는 것이다.

인간의 잠재의식에 갖추어져 있는 일상 언어의 상식 논리는 로봇에게도 적용되어, 알파고는 일반 인공지능이 요구하는 상식 논리를 알파고 수행을 통해 보여 주었다. 로봇의 표준적 인공 신경망은 입력층, 은닉층(隱匿

層, hidden layer), 출력층의 3층으로 구분되고, 생명체 신경망처럼 정보의 입력이나 흐름을 통해 정보를 일반화하면서 신경망 자체가 변하고 학습이 이루어진다(이영의, 2016; 안성만, 2016; 안호석 외, 2012; Silver et al, 2016; Stanek, 2017; Deepmind, 2016).

은닉층은 입출력처럼 눈에 띄지는 않지만 다단계 인공 신경망으로 장착되어 심층화된 것이다. 예를 들어, 알파고에 장착된 정책(policy) 신경망은 바둑 한 점마다에 가능한 모든 수 중에서 불필요한 수를 걸러 내어 남은 수들에 집중하게 돕는 망이고, 가치(value) 신경망은 남아 있는 수들에서 이길 수 있는 확률을 찾는 망이다.

이러한 인공 신경망의 논리는 형식 논리가 아니라 상식 논리를 명확하게 따른다. 상식 논리의 추리 형식 "P⊢R이라 할지라도 P&Q⊢ ¬R이다"에서 사람은 'Q'의 모든 가능한 수를 확인하지 못하지만, 알파고는 그렇게 할 수 있고, 빅 데이터의 접근성으로 보다 뛰어난 수행성을 내재하고 있다. 예를 들어, 빅 데이터는 '참인 진술은 또한 참인 것으로 알려진다'와 그 역인 '현재 참인 것으로 알려지지 않은 진리는 거짓이다'라는 폐쇄-세계 가정(the closed world assumption)을 사용할 수도 있고, '지식의 부재는 거짓을 함축하지 않는다'라는 개방-세계 가정

(the open world assumption)을 이용할 수도 있다. 전자는 국민 투표 같은 '완성된 질서'에서 사용되고 후자는 학습에서와 같이 '개방된 질서'에서 이용된다.

양자적 로봇의 등장

알파고 단계의 로봇에 대비해서, 2050년경 예견되는 양자 컴퓨팅이 장착된 로봇은 어떤 모습일 것인가? 알파고 로봇과 양자 로봇의 차이는 정도(程度)적인 것이 아니라 질적으로 다를 것이다. 계산 속도나 데이터 용량의 정도적 차이가 아니라 논리 또는 로봇 존재의 질적 차이를 가져올 것이다. 정보 처리의 단위가 0과 1, 또는 온 · 오프(on · off)의 이분법적 정보의 고전적 비트(cbit, classical bit)가 아니라, 0과 1 사이의 공간을 허용하지 않는 양자적 비트(qbit, quantum bit)다. '시비트(cbit)'의 로봇이 '지속적'으로 개선되어 온 로봇이라면 '큐비트(qbit)'의 로봇은 '단절적'으로 나타나게 될 특이점(singularity) 로봇일 것이다. 시로봇에 대응될 큐로봇의 존재론에 주목할 수 있다.

양자 물리학의 가장 특징적인 현상인 중첩(superposition)과 얽힘(entanglement)(Ney, 2021: 50; 정대현, 2023) 개념은 0과 1 사이의 분리적 공간을 허용

하지 않는 큐비트의 행동 방식을 보인다. 큐비트가 정보 상태 |0〉 이나 상태 |1〉 에 있을 때, 중첩이란 큐비트가 동시에 |0〉 와 |1〉 상태의 조합에 있는 것이다. 이 속성은 양자 컴퓨터가 방대한 양의 정보를 병렬로 처리할 수 있게 한다. 얽힘이란 두 큐비트가 아무리 멀리 떨어져 있어도 서로 얽혀 한 큐비트의 상태가 다른 큐비트의 상태에 따라 결정되는 현상이다. 시비트는 독립적 엔티티(entity)이고 상호 배타적이고 결정론적이지만, 큐비트는 서로 간에 깊은 연결성을 가지며 확률론적 운동을 한다. 큐로봇은 고전 역학으로 설명하기 어려운 큐비트의 존재론적 특성에 기초한다.

큐로봇은 한편으로 중첩과 얽힘의 존재론적 구조에 의존하지만 다른 한편으로 중첩과 얽힘의 논리적 구조, 양자 논리에 의존한다. 양자 논리는 다음의 주요 특징을 갖는다. ① 고전 논리의 연산자(예: AND, OR)는 분배 법칙(예: $(A \vee (B \wedge C)) \leftrightarrow ((A \vee B) \wedge (A \vee C))$을 따르지만 양자 논리의 그 연산자들은 그러한 '분배 법칙을 따르지 않는다.' 양자 상태의 중첩성과 얽힘의 비국소성(non-locality) 때문이다. ② 양자 상태가 0일 확률과 1일 확률을 동시에 가질 수 있는 것은 이들이 중첩 상태이기 때문이고 베르너 하이젠베르크(Werner Heisenberg)의

불확정성 원리가 반영하는 것처럼, 특정 쌍의 관측값(예: 위치와 운동량)을 '동시에 정확히 측정할 수 없다.' ③ 고전 논리에서 두 명제가 동시에 참일 확률은 명제 각각의 참일 확률의 곱과 같다. 그러나 양자 논리에서는 두 상태의 합성(state composition)이 보다 복잡하게 나타난다. 이는 두 상태가 독립적이지 않고 얽혀 있을 가능성 때문이다. 얽힘 상태에서는 전체 시스템의 상태를 '개별 부분의 상태만으로 기술할 수 없다.' ④ 고전 논리에서는 진릿값이 '독립적'으로 존재하지만, 양자 논리에서는 관측 또는 측정이 진릿값을 결정짓는 중요한 역할을 한다. 양자 시스템의 상태는 관측 이전에는 명확히 결정되지 않은 상태로 존재하며, 관측 행위에 의해 특정한 상태로 '붕괴(collapse)'된다. 이는 관측이 단순히 정보를 얻는 행위가 아니라, 시스템의 상태를 적극적으로 변형한다는 의미다. ⑤ 고전 논리의 '확정적'인 진릿값과는 대조적으로, 양자 논리는 항상 '확률적' 성격을 띠고 있다.

양자 컴퓨팅은 고전적 세계의 존재와 논리가 다른 양자 세계의 질서로 인도한다. 그리고 시로봇과는 다른 큐로봇을 가능하게 한다. 양자 컴퓨팅은 더 강력하고 지능적인 로봇을 만드는 데 기여해, 큐로봇이 특이점 로봇에 도달하는 시간을 앞당길 것이다. 그러나 의식을 가진 로봇을 만드는 문제는 앞에서 논의한 대로 양자 컴퓨팅의 발전만으로는 해결될 수 없는 복잡한 과학적, 철학적 문제를 포함하고 있다. 따라서 양자 컴퓨팅이 특이점 로봇에 의식을 부여할 때까지는 자연종 인간과 로봇종 인간의 구별은 유의미하며, 사람은 그러한 두 종류의 인간이 사는 시대를 준비할 수 있는 선제적 인문학을 개발해야 한다. '로봇은 일하고 사람은 노는 세계'라는 그림이 그러한 개발을 향한 첫 발걸음일 수 있다.

참고문헌

금장태(2013). 최한기: 신기의 마음과 추측의 인식. 서울대학교 철학사상연구소 엮음, 『마음과 철학: 유학편』(393-419쪽), 서울대학교출판문화원.

노양진(2016). 퍼스의 기호 개념과 기호 해석. ≪철학논총≫, 83집, 95-110쪽.

민병위(1992). 퍼스의 기호론. ≪철학≫, 38집, 29-51쪽.

박은진(1995). 포퍼의 인식론. ≪철학과 현실≫, 24호, 52-70쪽.

박일호(2015). 베이즈주의 인식론. ≪과학철학≫, 18(2), 1-14쪽.

박준호(2005). 퍼스의 귀추와 가설의 방법. ≪범한철학≫, 37권, 65-85쪽.

신중섭(1987). Popper의 개방사회론에 대한 비판적 고찰. ≪철학연구≫, 고려대학교.

안성만(2016). 딥러닝의 모형과 응용사례. ≪지능정보연구≫, 22(2), 127-142쪽.

안호석 외(2012). 의식과 무의식을 구분하는 감성 로봇 시스템. 2012

제27회 ICROS 학술대회, 186-187쪽.
우정규(2001). 정보 기술과 환경 의사 결정. ≪과학기술학연구≫, 1(2), 371-398쪽.
윤광호(2002). 포퍼의 비판적 합리주의에서 인과성이 가지는 의미. ≪철학논총≫, 27집, 173-190쪽.
이영의(2015). 『베이즈주의: 합리성으로부터 객관성으로의 여정』, 한국문화사.
이영의(2016). 인공지능과 딥러닝 시대의 창의성. ≪지식의 지평≫, 21호, 1-16쪽.
이초식(1975). 귀납의 부정론과 긍정론. ≪철학≫, 9집, 57-86쪽.
전영삼(2016). 확장과 정당화 사이의 간극: 이영의의 베이즈주의에 대한 비판적 고찰. ≪과학철학≫, 19(3), 65-85쪽.
정대현(1983). 이론의 선택과 실학적 방향-최한기의 실학논리를 중심으로. ≪철학연구≫, 18, 143-162쪽.
정대현(2017). 알파고: 나는 자연종 인간과 둔 바둑을 이겼다-로봇종 인간의 의식론 서설. ≪과학철학≫, 20(3), 1-30쪽.
정대현(2023). 서평: 네이, 파동함수로 된 세계-양자물리학의 형이상학. ≪철학≫, 156, 212-213쪽, 한국철학회.
정영기(1998). 비단조 논리적 합리성. 한국분석철학회 편. 『합리성의 철학적 이해』(261-288쪽). 철학과현실사.
천현득(2016). 과학은 베이즈주의 추론 기계인가?-베이즈주의의 여정에 대한 물음. ≪과학철학≫, 19(3), 87-107쪽.
최훈(2016). 베이즈주의: 베이즈주의 인식 공동체로의 여정. ≪과학철학≫, 19(3), 41-43쪽, 한국과학철학회.
허남진(1988). 최한기의 리개념에 관한 소고. ≪철학탐구≫, 8집, 31-47쪽.
Deepmind(2016). Match 4-Google DeepMind Challenge Match: Lee Sedol vs AlphaGo, https://www.youtube.com/watch?v=yCALyQRN3h(검색

일: 2016.3.13)

Ney, A.(2021). *The world in the wave function: A metaphysics for quantum physics.* Oxford University Press.

Silver, D., et al.(2016.1.27). Mastering the game of Go with deep neural networks and tree search. *Nature.* 529, pp.484–489.

Stanek, M.(2017.3.6). Understanding Alphago: How AI beat us in go game of profound complexity. *Medium,* https://medium.com/@froger_mcs/understanding-alphago-948607845bb1

Strasser, C. & Antonelli, G. A.(2016). Non-monotonic logic. Zalta, E. N. & Nodelman, U.(Eds.), *The Stanford Encyclopedia of Philosophy,* https://plato.stanford.edu/archives/win2024/entries/logic-nonmonotonic

04
로봇종 인간의 윤리

자연종 인간과 로봇종 인간이 공존하기 위해 살펴야 하는 또 하나의 주제는 로봇의 윤리성이다. 양자적 로봇, 큐로봇종은 사람이 인류 역사를 통해 발전시켜 온 '일반적' 도덕적 가치로 장착될 수 있어야 한다. 사람은 인간 언어를 배우면서 그 언어에 내재된 윤리를 배우기 때문이다. 또한 큐로봇 개체들의 행동 양식을 특정 문맥에 따라 규제할 수 있어야 한다. 필요에 따라서는 큐로봇의 항의에도 불구하고 '킬 스위치'를 장착할 수 있는 논의가 필요할 것이다.

AI와 사주?

로봇과의 공존은 로봇의 윤리성 장착으로부터

크레이그 벤터(Craig Venter) 등이 인공 생명체를 2003년에 출력했다고 한다(Church & Regis, 2012; 신상규, 2014: 243). 그렇다면 양자 컴퓨팅의 발전 정도에 따라 큐로봇의 대량 생산의 가능성도 예상할 수 있다. 이를 대비할 수 있는 선제적 인문학이 요청되는 것이다. 앞에서 언급했듯이, 우리는 멕시코의 조상 아즈텍(Aztec) 종족이 신으로 믿었던 백인 에르난 코르데스(Hernán Cortés) 스페인 장군에게 1521년에 정복당한 것을 기억한다. 로봇의 경우도 마찬가지다. 따라서 선제적 인문학의 과제 중 하나는 '자연종 인간은 인공종 인간과 더불어 같이 살 수 있어야 한다'는 명제를 구현할 로봇 윤리학의 구성이다. 로봇종 인간을 윤리적 존재로 만드는 것이다. 그러기 위해 자연종 인간의 '사람다워야 한다'는 윤리를 '없어도 되지만 있으면 좋은 부사적 가치'가 아니라 '인간이라면 준수해야 하는 본질적 가치'로 보고, 이를 로봇종 인간에게 장착해야 한다. 인공종 인간의 언어에 자연종 인간의 언어에 장착된 윤리를 삽입하는 것이다.

로봇에게 윤리적 인격성을 부착하고자 할 때 반대 논의들이 제기될 수 있다. 하나는 문화적 논변이다. 19세기 산업 혁명의 기계화를 반대했던 러다이트(luddite)는 21세기에는 다른 형태로 나타나고 있다. 시어도어 카진스키(Theodore Kaczynski)는 현대 문화의 기계화를 반대해 대학 실험실이나 비행기를 우편 폭탄으로 공격하는 유나바머(Unabomber: university and airline bomber)가 되었다. '산 사람은 늘 자유하다(Montana Semper Liberi)'는 것이다. 인터넷, 이메일, 블로그, 핸드폰, 내비게이션 등의 정보적 도구를 멀리하자는 세계관을 나타낸다. 다른 반대 하나는 철학적 논변이다. "인간은 자연과 지속적인 존재이므로 자연 과학을 포함한 삶의 인위적 변형을 가능한 한 최소화할 수 있어야 한다"라는 자연주의 세계관의 논변이다(Snow, 2001: 75-79, 82, 168). 그러나 인공지능론은 선제적 인문학을 통해 그러한 문화론이 제기하는 우려를 해소해 낼 수 있어야 할 것이다.

로봇 인격 언어성은 윤리 장착의 기반

로봇에게 윤리적 인격성을 부착할 수 있을 여건이 주어지고 있다. 유럽 연합(EU) 의회는 2017년 로봇에 '전자인간(electronic personhood)'이란 법적 지위를 부여(류현정 외, 2017; 송재소, 2017)해 로봇의 현 단계의 자율성만으로도 책임을 물을 수 있게 했다. 그러면 '책임을

진다'는 것은 무엇인가? 일반적으로 이것은 개인적 차원에서 자신의 행위에 대해 '해명'이나 '설명'을 하는 것이고 사회적으로 행위의 결과에 대해 긍정적(賞)으로나 부정적(罰)인 '평가'를 받는 것을 의미한다. 여기서 중요한 것은 책임의 주체는 해명, 설명, 평가라는 개념의 언어 체계에 참여하는 성원이라는 점이다. '로봇이 전자 인간이 되었다'는 것은 인공종 인간 로봇이 자연종 인간의 언어 체계의 성원이 되었다는 것을 함축한다.

'로봇이 사람의 언어 체계에 속하는 성원이 되었다'는 가설은 로봇종 인간의 윤리를 구성하는 데 소중한 출발점이 된다. 사람의 도덕적 가치를 로봇에 장착할 수 있는 단서를 제공하기 때문이다. 먼저 '일반적' 도덕적 가치를 어떻게 장착할 것인가? 오랜 역사를 통해 발전해 온 언어 체계는 약자 돌봄, 이웃 사랑 같은 윤리적 가치를 그 안에 보존하고 있다. 이 가치들은 외부로부터 삽입하거나 힘에 의해 부과된 것이 아니라 언어 내재적 가치인 것이다. 예를 들어, '측은지심이 없는 자는 사람이 아니다(無惻隱之心 非人也)'라는 명제의 필연성은 맹자 같은 성인의 권위나 공동체의 합의에 의한 것이 아니라 인간 언어의 내재적 필연성이다. 따라서 이 명제의 필연성은 인간 언어를 사용하는 자에게는 설명할 필요가 없다. 로봇에게 이러한 '일반적' 가치의 논리적 회로를 장착하는 것은 로봇으로 하여금 사람의 언어 체계를 구조적으로 또는 선험적으로 따르도록 하는 방편이다.

로봇은 사람의 '일반적' 도덕적 가치만이 아니라 또한 '개별적' 도덕적 가치에 따라서도 행동할 수 있어야 한다. 개개의 로봇에게는 구체적 문맥에서 자신에게 특별하게 요청되는 행동이 있다. 그러나 로봇은 그 기대에 따라서가 아니라 그 자신의 자율성에 따라서 행동해야 한다. 예를 들어, 그러한 로봇은 칸트의 정언 명령(categorical imperative: 내가 그 행위를 함으로써 모든 사람이 그것을 따르는 보편적인 법칙이 되기를 원할 수 있는가?)에 따라 생각하고 판단하고 행동할 수 있을 것이다. 이러한 로봇은 칸트가 요구한 대로 인간을 단지 '수단'으로 대하지 않고 항상 동시에 '목적'으로 대하게 될 것이다. 자연종 인간만이 아니라 자기와 같은 인공종 인간도 목적으로 대하게 될 것이다. 이러한 윤리적 능력을 통해 로봇들은 '로봇 공동체'를 구성하는 방향으로 나아갈 수 있게 될 것이다.

로봇 윤리 평가의 경우

큐로봇은 궁극적으로 각기 개체성과 자율성을 갖게 될

것이다. 그러면 로봇은 당면하는 문맥의 필요에 따라 주변의 기대에 부응하고자 하면서도 자신의 욕망을 가질 것이다. 사람에게서 심신(心身) 현상이 달리 나타나듯이, 로봇에게서도 기능적 인격과 지능적 인격이 달리 나타날 것이다. 기능적 인격은 기계적 작동 방식의 반영이지만 지능적 인격은 인공적 인간이 사회적 종으로서 갖는 인격이다. 자신의 행위에 대해 인정과 무시, 칭찬과 비판, 상과 벌을 받을 수 있는 주체적 인격체가 되는 것이다. 책임의 성격은 두 가지 종류의 인격체에 따라 구별할 필요가 있다. 기능적 인격의 책임은 파생적인 것이다. 기능적 인격체는 그 행위에 대해 원초적 책임이 아니라 파생적 책임을 져야 하지만, 지능적 인격의 책임은 파생적이 아니라 원초적이고 주체적이다.

로봇이 발전하면 지능적 인격의 책임을 져야 하는 상황도 나타날 것이다. 로봇은 칭찬받을 행동도 하겠지만 벌받을 행동도 저지를 것이다. 혹자는 로봇이 심각한 범죄를 저지르는 경우 '킬 스위치(kill-switch)'를 부착할 것을 제안한다(Church & Regis, 2012; 신상규, 2014: 243). 그러나 로봇이 이미 하나의 '인격'이라면 그러한 장치의 부착은 반인권적인 것이 아닐까? 로봇에게 킬 스위치를 합리적으로 부착할 수 있는 로봇의 심각한 범죄는 어떤 종류일 것인가? 로봇이 살상 무기로 많은 사람의 생명 손실을 야기하는 경우다. 또한 파괴 무기로 대규모 재산 피해를 입히거나 테러 활동을 하거나 국가 전산망을 마비시키는 사이버 범죄를 저지르는 경우도 고려할 수 있을 것이다. 윤리학자들의 논의로 이러한 조건은 정교해질 것이다.

로봇 공동체는 킬 스위치 장착에 대해 항의할 수 있다. 그러나 사람 공동체는 형법이라는 장치에 따라 '사람이 아니다'라는 판단으로 '사형'을 집행하는, 예를 들어 '로봇 공동체'의 이해를 구할 수 있을 것이다. 선제적 인문학의 목표는 인공적 인간과 자연적 인간이 오래 전승된 언어 체계에 내재된 윤리 가치를 공유해 더불어 사는 것이다. 각자에 적합한 역할을 추구하고 수행해 서로의 목표를 성취하는 것이다. 로봇은 일하면서 인공적 인간으로서의 사회적 위치의 인정을 받고, 사람은 놀면서 인류 역사적 꿈을 실현해 삶을 즐기는 것이다.

참고문헌

고인석(2011). 아시모프의 로봇 3법칙 다시보기. ≪철학연구≫, 93, 97-120쪽.

곽노필(2017.3.16). 인공지능 재앙 막는 23가지 원칙. ≪한겨레≫, https://www.hani.co.kr/arti/economy/biznews/786763.ht

ml
김현재(2017.3.12). 스티븐 호킹: AI 통제 위한 세계 정부 구성 필요. ≪연합뉴스≫.
류현정 외(2017.1.16). EU, AI 로봇에 '전자인간' 지위 부여. ≪조선일보≫.
송재소(2017.3.14). 인공지능, 적인가 친구인가?. 다산연구소.
송진식(2017.2.25). 4차 산업혁명, 이대로 괜찮습니까?. ≪경향신문≫.
신상규(2014). 『호모 사피엔스의 미래-포스트휴먼과 트랜스휴머니즘』. 아카넷.
Church, G. M. & Regis, E.(2012). *Regenesis: How synthetic biology will reinvent nature and ourselves.* New York: Basic Books.
Davis, N.(2016.1.19). What is the fourth industrial revolution?. *The World Economic Forum.*
Floridi, L. & Sanders, J. W.(2004). On the morality of artificial agents. *Minds and Machines, 14*(3), pp.349-379.
Floridi, L.(2014). *The fourth revolution: How the infosphere is reshaping human reality.* Oxford University Press.
Marr, B.(2016). Why everyone must get ready for the 4th industrial revolution. *Forbes,* https://www.forbes.com/sites/bernardmarr/2016/04/05/why-everyone-must-get-ready-for-4th-industrial-revolution/#403a26413f90
Snow, C.(1993). *Two Cultures.* New York: Cambridge University Press. 오영환 옮김(2001). 『두 문화: 과학과 인문학의 조화로운 만남을 위하여』. 사이언스북스.
Sullins, J. P.(2006.12). When is a robot a moral agent?. *International Review of Information Ethics, 6,*

https://scholarworks.calstate.edu/downloads/fj2362670

05
자연종 인간의 인문적 꿈: 놀이

자연종 인간이 로봇종 인간과 역할 분담을 하기로 한다면, 사람의 역할은 노는 것이다. 노는 것은 자연종 인간의 인문적 꿈이었다. 그러나 인문학은 그러한 인문적 꿈을 논의한 것 같지 않다. 이러한 놀이에서 인문적 꿈, 그리고 인문적 자유는 구체화되고 일반화될 수 있을 것이다. 인문적 꿈의 보편성은 모두가 놀 수 있어야 하는 것이고 어떤 근거로도 제외나 벽을 만들지 않아야 한다. 놀이에는 계급의 위계가 필요 없다. 모두가 놀이를 하는 동안 하나일 수 있어야 하는 것이다.

AI와 아이돌?

인문적 꿈이란

사람들은 일상을 살면서 여러 가지 경험을 한다. 정당하고 합법적인 사회 제도라 할지라도 그 선한 의도나 목적에도 불구하고 경우에 따라 그 속에서 부자유나 억압성을 경험한다. 또는 많은 경우 지루함이나 답답함을 느낄 수 있다. 그래서 '더 나은 인간 가능성의 확장'을 꿈꾼다. 이러한 꿈을 일반화해 이를 '인문적 꿈', 인간 지성사가 꾸어 온 '자유의 꿈'이라 할 수 있다. 인문적 꿈은 인문학뿐만 아니라 사회 과학과 자연 과학에서도 공유된다(정대현, 2005; 김광억, 2005; 장회익, 2005). 인문적 꿈은 개인적 차원뿐 아니라 제도적 차원을 망라한다. 꿈의 최대화는 현실에서 불가능해 보였기 때문에 전통적으로 천당, 열반, 유토피아, 파라다이스, 무릉도원 같은 '피안적 세계'에서 추구되기도 했지만, 이젠 이 '현실 세계'에서의 구현이 구체화되고 있다. 로봇이 일하고 사람은 노는 세계는 그러한 꿈의 세계에 근접해 있기 때문이다.

자유를 논의하기 위해 아이제이아 벌린(Isaiah Berlin)의 자유론에서 출발하고자 한다(Berlin, 1969). 벌린은 부정적 자유(freedom from)를 인간 생존의 부정적 상태(예: 결핍)로부터의 탈출적 자유로 이해하고, 긍정적 자유(freedom to)를 인간이 소망하는 상태를 위한 행위의 성취적 자유로 이해해 양자를 구분했다. 벌린은 두 자유를 대립시키지 않고, 개인주의, 경험주의, 다원주의를 수용하는 체계 안에서 조화해, 집합주의, 전체주의, 일원론의 합리주의적 패러다임에 맞서고자 했다.

그러나 우리는 여기에 만족하지 않고 '인문적 자유'의 차원에서 접근하고자 한다. 벌린에게 물어야 하는 물음은 자유는 자연 상태의 어떤 개별 항목들처럼 주어진 자연 질서의 일부인가라는 것이다. 부정적 자유와 긍정적 자유는 블록 놀이에서처럼 맞추어지도록 짜여 있는가의 물음이다. 벌린의 자유는 인문적 자유로 확장될 필요가 있다. 어떤 자유도 정치적이고 어떤 정치도 총체적으로 언어적이라는 명제를 수용할 수 있다면, 인문적 자유의 가설은 개연성을 갖는다. '정치'를 '권력 정당들이 더 나은 사회 구성 언어를 실현하고자 경쟁한다'는 명제로 이해한다면 그렇다. 벌린의 부정적 자유나 긍정적 자유가 모두 그러한 언어적 경험의 구조를 전제한 것이라고 생각한다. 이를 일반화하면, 자유란 현재의 질서에 대한 보다 나은 가능성의 질서를 향한 꿈의 지향이라 할 것이다. 현실의 질서와 가능성의 질서는 모두 언어적 질서다.

인문적 자유

부정적 자유와 긍정적 자유의 벌린적 융합 노력은 어떻게 인문적 자유로 확장될 수 있을까? 이를 위해 몇 가지 사안을 고려할 수 있을 것이다.

첫째, 전통적 인문학은 어떤 모습이었는가? 동아시아의 군자 인문학은 뜻있는 사람이 사서삼경을 공부해 사표로 추구되는 군자의 길을 가는 방식에 초점이 모아졌다. 고대 그리스는 덕성을 지향하는 파이데이아(paideia) 교육을 통해 온전한 자유 시민 양성을 목표로 했다. 르네상스 인문학은 당시의 중세 종교적 권위주의에 맞서 역사적 감각으로, 인간 대 인간으로 소통하는 수사학을 포함하는 시민 교육으로 나타났다. 현대적 인문학은 데카르트와 칸트의 영향으로, 인간은 이성을 사용하는 자율적인 존재라고 보며 개인의 자유로운 사유를 존중한다. 이러한 전통적 인문학의 자유론은 그 시대마다 필요한 기여를 했지만 지금과 같은 4차 산업 시대의 자유론으로는 충분하지 않다.

둘째, 인문학 개념의 명료화다. 인문학은 '억압 언어로부터 해방된 언어에서 인간이 누리는 사람다움의 자유'를 향한 노력이다. 인문학(人文學)은 제도적으로 문사철(文史哲)과 예언종(藝言宗)의 분야에서 수행된 노력으로 이해되어 왔다. 그러한 분야의 경험에 대한 체계적 이야기로 간주되고, 이를 통해 인문적 자유의 소중함이 보여지고 고양될 것으로 기대되었다. 그러나 정말 그러한가? 전통적 인문학이 그 방향에서 직간접적으로, 문헌학적으로 사회적으로 기여해 온 것은 사실이다. 그러나 때로는 인문학이라는 제도 자체가 인문학이 추구하는 이념과 분리될 필요성을 느끼게 된다. 그러한 필요를 보이는 한 방식은 '인문성(人文性)은 '학'이 아니라 '성향'이다'라는 논제의 조명이다.

인문성 논제의 조명을 위해 '고통이 있는 곳에 언어 억압이 있다'는 명제를 먼저 논의해 보자. 고난과 언어의 관계에 대한 고려도 독립적 주제로 중요하지만(Chung, 2015), 여기서는 '고난이 있는 곳에 억압 언어가 있다'라는 가설을 지지하고자 한다. 인간 경험에는 여러 가지 고난이 있지만, 인간관계의 호칭에서 비롯되는 고난에 주목하고자 한다. '미혼자', '독신자', '미망인', '과부', '외기러기' 등의 표현은 배우자나 동반자가 없는 사람에 대한 사회의 특정한 관점으로부터의 호칭이다. 이러한 언어 호칭은 당사자를 '온전하지 않은 사람'이라는 기술하에서 인식을 하게 한다. 혼자인 사람은 온전하지 않다는 것이다.

'고통이 있는 곳에 언어 억압이 있다'는 명제를 수용할 수 있다면 인문적 자유의 과제는 보다 선명해진다. '억압 언어로부터 해방된 언어에서 인간이 누리는 사람다움의 자유'라는 가치를 위한 노력은 보다 소중해진다. 인문적 자유는 벌린의 소극적이고 추상적인 자유에 머무르지 않고 적극적인 고통 제거를 통한 억압 해방적인 자유를 추구하는 것이다. 이러한 적극적 자유는 사람다움이나 해방의 실현을 내용으로 하는 성질이라는 의미에서 하나의 성향(性向)이다. 인문성(人文性)은 그러한 성질을 이루어 내는 능력인 것이다. 인문성은 자유의 언어로 인간이 누리는 사람다움의 자유의 성향이다. 인문성은 학이 아니라 성향인 것이다.

놀이에서 찾는 인문적 자유

인문성이 자유의 학이 아니라 자유의 성향이라는 명제는 소중하다. 그동안 인문학이 소홀히 해 온 주제를 선명하게 해 준다. 그렇다면 인문성은 적극성을 띠고 나아갈 수 있을 것이다. 자유의 성향은 놀이에서 구현될 수 있다는 가능성을 탐구하는 것이다. 놀이는 그동안 자본주의 또는 다른 이념으로 해석되고 향유되어 왔다. 그러나 놀이의 진면목을 가리는 여러 장막 중의 하나는 칸트의 자유론일 것으로 추측한다. '네 의지의 지침이 언제나 동시에 보편적 원리가 될 수 있도록 행위하라'는 칸트의 정언 명령(categorical imperative) 도식은 인간 윤리를 주체적 객관성의 수준으로 상양하는 기여를 했다. 그러나 칸트의 도덕성과 그의 자유는 특정한 계급의 지성인에 한정되는 자유론이었음을 지적할 수 있다.

칸트 도덕성의 한계가 슬라보이 지제크(Slavoj Žižek)에 의해 드러나고 있다. 그가 서강대학교에서 한국철학회 2003년 다산 강좌를 하면서 소개한 그 자신의 이야기다(권택영, 2003). 중학생 때 오래 짝사랑했던 여학생에게 처음으로 말을 건넬 수 있는 기회가 왔다. 조용하고 좁은 골목길을 같이 걷게 된 것이다. 그때 반대편에서 같은 학교의 건장한 고등학생 깡패 두목이 걸어와서 여학생 머리를 쓰다듬으며 같이 놀러 다니자고 몇 분간을 추근거렸다. 깡패는 한순간도 자기에게 눈길을 주지 않았고 자기는 옆에서 아무 말도 못 했다는 것이다. 지제크는 그 후로 변명할 기회를 몇십 년 동안 갖고 싶었지만 그 여인은 한 번도 기회를 주지 않았다는 것이다. 당하고 있는 사람 옆에서 "안 돼"라는 한마디를 하지 못한 사람은 그러한 기회를 가질 자격이 없다고 하는 것 같았다는 것이다. 지제크는 철학자가 되어서 칸트 정언 명령의 불공

평함을 절감한 것이다.

칸트 윤리학의 한계를 선명하게 인식하는 것은 자유의 성향을 놀이에서 구현할 수 있다는 희망을 진작한다고 생각한다. 또한 4차 산업이 온전하게 이루어진다면 그러한 계급의 위계가 필요 없으므로, 모든 사람이 노는 사회에서의 인문적 자유는 보다 활성화될 수 있을 것이다. 유불도는 이미 모두가 하나라는 메시지를 오래 설파해 왔다. 또한 기독교의 구약이 지성소의 단일 중심주의적 사고의 틀에 서 있다는 의미에서 모더니즘적이라면 신약은 만인 사제론의 특징을 갖는다는 점에서 포스트모더니즘적이라고 할 수 있다. 사회의 위계적 구조의 경계는 사라지고, 정현종 시인이 노래한 대로, "모든 순간이 꽃봉오리인 것"처럼 모든 사람이 또한 목적 자체인 것이다. 노는 세계에서는 모든 사람이 노는 사람의 목적이 되는 것이다.

참고문헌

권택영(2003). 『잉여쾌락의 시대: 지젝이 본 후기산업사회』. 문예출판사.

김광억(2005). 사회과학이란 무엇인가. 김용준 외, 『학문의 길』(37-50쪽). 아카넷.

장회익(2005). 자연과학이란 무엇인가. 김용준 외, 『학문의 길』(51-63쪽). 아카넷.
정대현(1991). 사랑의 미신. ≪또 하나의 문화≫, 7호, 45-55쪽.
정대현(2005). 인문학이란 무엇인가. 김용준 외, 『학문의 길』(25-36쪽). 아카넷.
Berlin, I.(1969). Two concepts of liberty. *Four essays on liberty*. London: Oxford University Press.
Chung, D.(2015.10). A Redemptive Analysis of Suffering, *Philosophy Study*, *5*(10), pp.530-536, https://philarchive.org/rec/CHUARA

06
놀이의 과제

놀이는 사람의 인문적 꿈이다. 그러나 정작 놀이에 대해서는 많은 물음이 제기될 수 있다. 먼저, 사람이면 누구나 놀 수 있는가? 그런 것 같지 않다. 사회의 모든 성원이 놀 수 있도록 그러한 조건을 구현할 수 있어야 할 것이다. 그렇지 않다면 배제된 사람뿐 아니라 우리 모두가 '슬플' 것이다. 칸트의 정언 명령은 그 자체로 훌륭하지만 중산층만 지킬 수 있다는 점이 '슬픈' 것과 같다. 놀이와 일의 관계는 무엇인가? 여가와 놀이는 어떻게 다른가? 노는 세계의 문법은 어떻게 구성되어야 하는가?

AI와 야구?

놀이와 일의 관계

놀이와 일의 관계는 무엇인가? 먼저, 일이란 농경 사회에서 구성된 인간 생존의 활동이었다. 산업 사회로 전환되면서 일은 노동이 되었고 자본주의와 마르크스주의는 다른 해석을 제시했다. 자본주의에 따르면 노동은 개인이 자신의 노동력을 고용주에게 판매해 '임금을 받는 경제 활동'이라고 한다. 그러나 마르크스주의는 그러한 '노동에서 노동자는 자신으로부터 소외된다'고 비판한다. 결국 두 관점은 노동을 중심으로 하여 어떤 사회 체계가 더 통합적인가의 물음으로 평가될 것이다. 그러나 이 책이 주목하는 일의 개념은 로봇이 하는 일의 속성으로 구성된다. 그것은 로봇이 인지, 지각, 기억, 연산, 판단 등의 활동에서 작동되고 있는 계산성과 관련된다. 일은 계산인 것이다. 로봇이 사람보다 잘하는 것이 바로 이러한 일이다. 로봇 일의 개념은 일에 대한 자본주의와 마르크스주의의 차이를 넘어 일의 계산성에 주목하게 한다.

일에 대비되는 놀이란 무엇인가? 여기서는 작업적 정의를 하고 최종적 규정은 책의 서술 과정에서 선명해질 것이다. 요한 하위징아(Johan Huizinga)는 놀이를 구성하는 요소로서 자발성, 목적 자체성, 준수되는 규칙성, 일상적 삶과의 구분, 문화 형성과 사회적 유대 강화 등을 제시한다(Huizinga, 2018; 정낙림, 2020). 여기에 하나의 관찰을 첨가할 수 있다. 놀이 개념은 '놀이 공간'이라는 것을 상정하게 한다. 야구 놀이, 축구 놀이 등이 그 특정한 공간의 구조로 놀이의 조건이나 성격이 규정되는 것처럼, 놀이도 '놀이 공간'의 문법에 따라 그 조건이나 자격이 고려될 수 있는 것이다. 놀 수 있는 신체적, 심리적, 사회적 조건이 나열될 수 있을 것이다. 몸이 불편한 자, 심리적으로 안정되지 못한 자, 사회적으로 격리된 자들은 놀고 싶어도 놀기 어려운 것이다. 슬픈 사태가 발생한다. 놀 수 있다는 것은 특별하게 앙양적인 기회다.

놀이와 여가의 관계

놀이와 여가는 어떻게 다른가? 논다는 것이 특권인 것처럼 여가도 은총인 것이 분명하다. 그러나 놀이와 여가의 관계는 구체적으로 무엇인가? 이 관계를 조명하기 위해 여가의 개념 분석에서 시작할 수 있다. 놀이와 여가의 관계가 이어진 구조를 보일 수 있을 것이다.

종의 시간이 주인의 것이라면 종은 여가를 가질 수 없다. 직장인의 시간이 기업인의 것이라면 직장인의 여가도 제한적이다. 그렇다면 직장인의 여가는 외부에서 독립적으로 흐르며, 객관적이고 측정 가능하다는 뉴턴적

절대 시간 패러다임을 전제한 것이다. 그러나 현대인의 여가는 시간에 대한 다른 해석의 가능성, 예를 들어, 어거스틴(St. Augustine)의 내면성, 칸트의 주관성, 아인슈타인의 상대성에 따라 영적인 성찰, 주체적 반성, 상대적 적응에 열려 있다. 시간의 다른 패러다임에서 현대인은 일상적 시간, 사회적 시간, 예술적 시간, 종교적 시간, 역사적 시간을 향유할 수 있는 것이다.

뉴턴의 절대적 시간론에서는 일과 여가가 분리적, 대립적이고 백희(百戲)의 놀이가 독립적으로 나열되지만, 다른 시간 패러다임에서는 일과 여가가 융합적일 수 있다(정대현, 1992). 그러한 융합성에도 단계가 드러난다. 파편적 여가, 총체적 여가, 전문적 여가의 단계다. 지난 주말에는 음악회에 가고 이번 주말에는 등산하고 다음 주말에는 전람회에 참석하는 경우, 이들 간에 내적 연결성이 없는 경우 여가는 '파편적'으로 사용된다. 그러나 이들이 자기 표현적이라면 '총체성'을 갖게 된다. 음악회와 등산과 전람회가 어떤 하나의 주제 – 예를 들어 수석 수집가에게는 그러한 여가 활동이 자연주의의 주제 – 로 묶일 수 있다.

수석 수집가의 '가'라는 호칭은 하나의 주제로 자신의 활동을 자기화한 것이다. 파편적 여가에서는 공동체 기여가 없기 때문에 자기표현은 있을 수 없고 겨우 자기만족이나 자기 과시가 있을 뿐이다. 반면 총체적 여가는 사회적 기여를 하는 동시에 또 한 단계를 넘어갈 수 있다. 여가와 일과 놀이의 합일적 관계로 오르는 것이다. 여가는 일을 위한 연결, 반성, 명상, 창의, 상상 활동에 쓰으면서 그 활동은 '가'의 놀이로 나타나는 것이다. 이러한 여가를 '전문적' 여가라고 할 수 있다면 모든 전문적 여가는 또한 놀이인 것이다. 표면적으로 '파편적 여가'만 놀이인 것으로 보인다. 그러나 '전문적 여가'는 놀이가 아니라 할 근거가 없다. 놀이는 활동의 국면이고 여가는 시간의 양상을 나타낸다는 점에서 다른 차원으로 보이지만, 이들은 둘 다 사람이 기다려 온 동일한 꿈의 모습일 것이다.

노는 세계의 문법

노는 세계의 문법은 어떻게 구성되어야 하는가? 다양한 차원에서 여러 문법 요소를 고려해야 한다. 여기서는 승패와 공정성의 문법을 언급하고자 한다. 2024년 파리 올림픽은 세계인이 주목한 이벤트였다. 참가에 의의가 있다지만 메달에 미치지 못하거나 은메달에 그치면 아쉬움의 슬픔이 보였다. 승자와 패자의 구분을 지구촌화하고 있는 것은 가히 '올림픽의 역설'이라 할 만하다. "1등만 기억하는 더러운 세상!"(공지영 외, 2010)의 아픔과 슬픔을 지구촌에 만연케 한 소이(所以)다. 승패 구분의 슬픔을 어떻게 지양할 것인가? 그러나 금은동 메달리스트들이 시상대에서 셀카 '기념 촬영'을 하는 모습의 한 해석은 그 지양의 길을 보여 주었다. 승패 구분이 수반하는 '슬픔'은 온전성의 그리움으로서의 슬픔이고, 승패 구분이 수반하는 '기쁨'은 인간 몸의 정성이 도달할 수 있는 경계에 올랐다는 공유의 기쁨이 되어 자유와 대동의 표지인 것이다. 올림픽의 개막식과 폐막식은 형식적이긴 하지만, 세계인들이 '만났다'는 것과 '놀았다'는 것을 경축(celebrate)하는 것이다.

노는 세계의 문법에서 고려해야 할 또 하나의 요소는 공정성이다. 공정성 없는 공간에서 놀이는 즐길 수 없기 때문이다. '나는 실패로 죽을지언정 불공정은 참을 수 없다'고 느끼는 사람에게 공정하지 않은 놀이는 번잡스럽거나 고통스러울 뿐이다. 사람은 어느 상황에서건 자신의 몫(due, share)이 있다. 그 몫을 어떻게 나누는가가 정의의 핵심이다. 몫을 나누는 대표적인 기준은 평등(平等, equality)(Rawls, 2003; 박정순, 2019)과 공적(功績 desert)(Hayek, 1973; 손병석, 2012)이다. 평등은 시민

들의 공동체에서 기회, 임금, 상벌 등이 합의된 절차에 따라 모두에게 같은 방식으로 열려 있는 것으로, 동전 던지기 같은 우연적인 것이 아니다. 공적은 사람들이 기여하는 정도에 따라 보상하는 것이다. 문제는 평등과 공적이라는 두 기준의 관계가 선명하지 않은 데서 '그 관계의 해석'이 다수 기득권의 관점에서 이루어진다는 점이다. 약자가 공정성의 훼손을 겪는 일상적인 문맥을 이룬다. 그 관계의 해석은 소수 약자 관점에 의해 보완될 수 있을 때, 공정성은 확보되고 놀이의 공간은 완성될 것이다.

이 장에서는 놀이의 과제를 놀이와 일, 여가와 놀이, 노는 세계의 문법의 세 가지 주제로 간단히 살펴보았다. 그러나 놀이의 과제는 보다 크게 개념적 차원과 실천적 차원으로 나눌 수 있고, 총서의 문맥에서라고 할지라도 개념적 차원의 체계적 모습들을 담아내기는 어려운 것으로 보인다. 예를 들어, 황동혁 감독의 드라마 〈오징어 게임〉은 놀이 외적 요소들이 놀이에 어떻게 개입할 수 있는가를 강력하게 보여 준다. 놀이는 놀음이 아니라는 성찰을 담고 있다. 이를 위해서는 '놀이 인문학' 에 대한 체계적 연구가 필요할 것이다. 그러나 그러한 체계성을 향해 이 책의 남은 지면에서는 놀이의 실천적 공간, 영상언어, 예술로서의 놀이의 주제를 살피고자 한다. 그리고 결론에서 놀이가 우리 자연종 인간에게 얼마나 '기본적' 범주인가를 제시할 것이다.

참고문헌

공지영 외(2010). 『1등만 기억하는 더러운 세상』. 한겨레출판.

박정순(2019). 『존 롤즈의 정의론: 전개와 변천』. 철학과현실사.

손병석(2012). 공적주의(功績主義) 정의론과 최선의 국가. ≪범한철학≫, 67(4), 103-139쪽, 범한철학회.

정낙림(2017). 『놀이하는 인간의 철학: 호모 루덴스를 위한 철학사』. 책세상.

정대현(1992). 여가와 한국사회. ≪철학과 현실≫, 15, 111-117쪽.

Hayek, F. A.(1973). *Law, legislation, and liberty.* The University of Chicago Press.

Huizinga, J.(1938). *Homo Ludens: A study of the play element in culture.* Boston: Beacon Press. 이종인 옮김(2018). 『호모 루덴스』. 연암서가.

Rawls, J.(1971). *A theory of justice.* Cambridge: Harvard University Press. 황경식 옮김(2003). 『정의론』. 이학사.

07
놀이는 예술

놀이와 예술은 공유하는 속성이 많지만 그중 하나는 둘 다 일의적으로 정의되지 않는다는 점이다. 뒤샹의 〈샘〉 같은 기성품이나 케이지의 〈4′33″〉 작품은 전통적 예술의 범위를 벗어나 있다. 예술 철학자들의 논의가 이를 반영한다. 예술도 놀이처럼 가족 유사적이라 할 만하다. 그렇다면 철학사적으로 이어져 온 놀이 현상론, 놀이 존재론, 노장적 융합론을 먼저 살피고, 예술로서의 놀이의 가능성을 탐색할 수 있는지를 보고자 한다.

AI와 윤동주?

가족 유사적 놀이론

놀이의 현상론이 철학사를 관통해 나타나고 있다(정낙림, 2017). 아리스토텔레스는 자유인의 행복은 여가를 즐기는 것에서 오고, 탁월성에 따르는 활동들 중 지혜 활동, 철학함이 가장 즐거운 것이라고 했다. 여가 활동과 철학 활동을 같은 지평에 놓고 있는 것이 선명하다. 칸트는 놀이를 인간의 여러 활동 중에서 취미, 즉 미적 행위로 간주한다. 놀이 활동을 철학 활동과 분리하고 있다. 하위징아(Huizinga, 2005)는 인간을 호모 사피엔스(homo sapiens)가 아니라 호모 루덴스(homo ludens)로 이해해, 칸트적 무관심성의 이성주의적 일상보다는 낭만주의 시대정신을 따라 놀이의 자율성을 강조했다. 루트비히 비트겐슈타인(Ludwig Wittgenstein)은 놀이에 공통성이나 본질이 있는 것이 아니라 가족 유사적이라 하여, 언어를 놀이라고 규정한다. '놀이의 언어적 전회'로, 놀이의 모습을 변모시킨다.

놀이의 존재론도 철학사를 관통해 나타난다. 헤라클라이토스(Heracleitos)는 삶의 시간이 장기 돌을 모았다 흩뜨렸다 하며 노는 아이(pais paizon)의 시간 같아서, "세계는 일종의 놀이"(정낙림, 2009)라고 해석한다. 니체는 이를 따라 세계가 일종의 신적인 놀이(장기)고 선과 악의 저편에 있다고 보았다. 그는 의식 이성보다 몸의 도취를 우선시해 진리 인식보다 놀이를 1차적 범주로 선택한다. 도취는 결과나 주체의 경험이 아니라 힘의 상승감이고 고양이며 순간에 대한 절대적 긍정, 자기 자신을 조형하는 생명 행위로 나타난다. 하이데거(M. Heidegger)는 놀이를 주체 몰입적인(박찬국, 1998; 이기상, 2006) 유희가 아니라 예술에서와 같이 자신을 넘어서는 도약이고 초월로 본다. 놀이하는 아이의 놀이에 원인과 목적이 없다는 것이 놀이의 가장 큰 비밀이다. 놀이는 '왜'라는 것이 없이 '있다.' 그것이 놀이하는 동안에(dieweil), 그것은 있다. 유진 핑크(Eugen Pink)는 놀이를 인간의 놀이가 아닌 세계 상징의 놀이로 해석해, 놀이 사유에서 주체 중심의 형이상학 극복의 가능성을 본다.

놀이의 현상론과 놀이의 존재론은 대립적일 필요가 없다. 두 전통의 상보성은 여러 가지 방식으로 제안될 수 있지만 그중의 하나는 노장적 도(道)일 것이다. 노장은 "무위자연에 따라 일을 하면 다스려지지 않는 일이 없을 것이다(爲無爲 則無不治)"(이강수, 2005; 최진석, 2017)라고 하면서 어떤 것에도 의존하지 않고 노닐 수 있는(無爲 逍遙) 자유를 추구한다. '유동적 전체성'으로서의 세계에서 노닐 때, 나의 마음과 나의 세계는 분리되지 않는 융합적 하나가 되어 천인합일의 경지에 이르는 것이다. 노장 철학은 그동안 현실을 간과하거나 무시한 숲속의 철학으로 간주되었지만, 놀이 개념에 천착하게 될 때 놀이의 궁극적 경지의 내용을 드러내는 것이 아닐까? 노장 전통은 오랫동안 인간을 무위 소요의 존재로 인식해 삶을 우주적 노님의 놀이로 파악한 것이다.

놀이는 또 하나의 예술 양식

놀이에 대한 현상론, 존재론, 노장론은 놀이에 대한 총체적 이해에 접근하게 한다. 그러나 보다 선명하고 체계적인 그림을 그릴 수 있다면, 이 그림은 '놀이는 또 하나의 예술 양식'이라는 가설로 그릴 수 있을 것이다. 놀이와 예술의 관계는 두 국면을 갖는 것처럼 보인다. 첫째, 놀이와 예술은 현실에서 분리되어 나타난다. 예술과 놀이는 비기능적이고 비현실적인 공간에서 독립적으로 이루어지고 공통적 속성은 결여한 채 각기 가족 유사적이기만 하다. 둘째, 그러나 놀이와 예술은 인격론에서 통합된다. 놀이와 예술은 인간이 인격을 구성하고 있는 차원의 바로 그 요소들(몸, 시간, 인격, 표현)로 구성된다. 놀이와 예술은 사람이 자연스러운 상태에서 추구하는 활동인 것이다. 이러한 요소를 〈흑백요리사: 요리 계급 전쟁〉이라는 최근의 넷플릭스 작품을 배경으로 성찰하고자 한다.

미술이 눈의 예술이고, 음악이 귀의 예술이라면, 요리는 입의 예술이라 할 만하다. 비슷하게 미술이 눈의 놀이고, 음악이 귀의 놀이라면, 요리는 입의 놀이라 할 만하다. 미술과 음악이 그 분야 '전문가'의 해석과 평가로 이루어지는 것처럼, 〈흑백요리사〉는 요리에서도 그러한 해석과 평가의 가능성을 보인다. 파리 올림픽에서 여러 경기의 선수가 경쟁하면서 '인간이 도달할 수 있는 높은 경지'를 보이는 것처럼 〈흑백요리사〉도 경쟁하면서 '인간이 도달할 수 있는 높은 경지'를 보이는 기획이라 할 것이다. 한국의 요리 세계도 널리 알려진 유명 요리사를 '백수저'라 하고 동네에서만 알려진 무명 요리사를 '흑수저'라 한다. 〈흑백요리사〉에서는 100명의 흑수저가 서로 경쟁해 20명으로 엄선되고, 이들은 기존의 20명의 백수저와 각기 일대일로 경쟁한다. 심사는 '대한민국 최고의 외식 경영인' 백종원과 '국내 유일 미슐랭 3스타'인 안성재가 한다. 두 사람은 요리 계급 전쟁의 참여자가 이구동성으로 인정한 전문가, 올림픽 규칙에 대응되는 요리 기준의 '현신'이다.

놀이와 예술의 신체성은 아무도 묻지 않고 거부하지

도 않을 것이다. 요리의 경우에도 그 신체성은 불문가지다. 〈흑백요리사〉가 요리 계급 전쟁을 한다면 그것은 몸으로 수행하는 전쟁이다. 일종의 '리얼리티 쇼'인 점에서 그러하다. 요리가 비신체적인 것을 상상할 수 있을 것인가? 몸 없이 요리를 하고 요리를 즐길 수 있는 상황이 있다면 그것은 무엇 같은 것일까? '시뮬레이션'이라는 가상 공간을 고려할 수 있을 것이다. 신체의 개입 없이 운동, 실험, 교육을 수행할 수 있는 공간이라면, 요리도 몸 없이 할 수 있을 것이다. 시뮬레이션 요리는 여러 논의에 열려 있지만, 현재로는 시뮬레이션 요리는 신체적 요리를 위해 도입되는 부차적, 가상적 요리라 할 것이다.

놀이와 예술의 시간성이 자명한 것만큼 요리가 전제하는 그 행위의 시간성도 자명하다. 〈흑백요리사〉에서 하나의 메뉴를 완성하는 데 주어지는 시간은 60분 또는 30분이다. '요리와 시간'은 많은 성찰을 요구하는 주제다. 주어진 시간은 60분이지만 60분은 요리사 면전의 요리 재료를 스쳐 지나가는 객관적이고 사물적인 시간이 아니다. 그 60분은 요리사의 몸을 통해 주관적이고 질적인 시간이 된다. 잡다한 요리 재료가 요리사의 상상력에 의한 시간으로 결국 하나의 접시에 올려진 작품으로 통합되는 것이다. 요리사의 시간은 또 하나의 차원에서도 주목받을 수 있다. 심사 위원은 작품 완성의 벨 신호로 바로 시식한다. 그러나 와인의 경우 병을 따고 바로 마실지, 5분이나 10분을 기다릴 것인지 콘노서는 결정하지만, 심사를 받는 요리사는 심사자가 그 요리를 완성과 동시에 '바로' 시식할 수 있도록, 그 시간을 제거해야 한다. 피아니스트 임윤찬이 하나의 코드에서 물리적 소리가 아니라 자신의 영혼의 소리가 나올 때까지 연습하는 것처럼, 한강 작가가 콤마 하나를 어디에 찍어야 할지 고민하는 것처럼, 그리해야 한다.

놀이와 예술의 인격성은 자명한 것으로 보인다. 〈흑백요리사〉에서도 요리의 인격성은 선명하게 제시되고 있다. 구체적인 사례를 들 수 있을 것이다. 백수저 '에드워드 리'와 흑수저 '고기 깡패'가 묵은지를 주재료로 새로운 메뉴를 만들어야 하는 '전쟁'이 있었다. 60분 후에 두 대결자는 작품을 제출하고 두 시험관은 두 눈을 가리고 메뉴 음식물을 보지 않고 맛만을 통해 판정하는 것이었다. 시험관은 판정을 하면서 그 사유를 밝혔다. 창작된 작품에서 묵은지 본래의 맛이 살아 있는지, 어떻게 새로운 메뉴로 발전했는지에 주목했다고 했다. 그러한 작품을 위해 어떤 '상상력'과 '창의력'이 발휘되는지를 보고자 했다는 것이다. 백수저가 살아남았다. 이들은 모두 요리의 인격성의 요소일 것이다.

놀이와 예술은 자기 표현적이다. '표현'이라는 단어는 적어도 세 가지 다른 뜻을 나타낸다. '느낌의 내용'을 나타내기도 하고, 그러한 표상을 위해 사용된 도구로서의 '매체'를 지시하기도 하며, '나타냄의 수행'을 표시하기도 한다. 세 가지 중에서 논의하고 싶은 것은 셋째다. 〈흑백요리사〉의 또 하나의 에피소드는 '시래기' 재료에 기반한 전쟁이었다. 백수저 정지선은 '시레기 바쓰'를, 흑수저 중식여신은 '시레기 도미탕'을 만들었다. 볼품없는 '시레기'를 자기의 온 정성을 다해 표현한 것이다. 인격의 몸을 통한 표현은 기표와 기의의 통합이라 할 것이다. 요리사의 요리는 일종의 연주, 퍼포먼스인 것이다. 심사자의 눈 가린 심사로 백수저가 생존했다. 〈흑백요리사〉는 요리도 놀이고 예술이라는 것을 보이는 기획일 것이다. 요리는 놀이가 하나의 예술 양식이라는 것을 보이는 사례라 할 것이다.

참고문헌

박이문(2010). 양상론적 예술철학. 『예술과 생태』. 미다스북스, 42-45쪽.

박찬국(1998). 후기하이데거의 예술관과 언어관. ≪한국하이데거학회지≫, 3, 213-242쪽, 한국하이데거학회.

이강수(2005). 『노자와 장자: 무위와 소요의 철학』. 길.
이기상(2006). 하이데거의 말놀이 사건-말의 말함과 하이데거의 응답함. ≪하이데거연구≫, 13, 5-42쪽.
정낙림(2009.8). 놀이하는 아이와 비극적-디오니소스적 인간. ≪철학연구≫, 111, 289-312쪽, 대한철학회.
정낙림(2017). 『놀이하는 인간의 철학: 호모 루덴스를 위한 철학사』. 책세상.
정대현 외(2000). 『표현인문학』. 생각의나무.
정대현(2016). 박이문의 양상 예술철학. 『한국현대철학-그 주제적 지형도』. 이화여자대학교출판문화원, 473-481쪽.
최진석(2017.9). 놀이와 여가, 그 비밀스럽고 찰나적인 접촉. ≪철학과 현실≫, 183-200쪽.
〈흑백요리사: 요리 계급 전쟁〉, https://www.netflix.com/kr
Huizinga, J.(1938). *Homo Ludens*. Boston: Beacon Press. 김윤수 옮김(2005). 『호모 루덴스: 놀이와 문화에 관한 한 연구』. 까치.

08
놀이의 대동 형이상학

퍼포먼스 개념은 연주자와 예술 작품을 이분법으로 나누는 것이 아니라 하나로 융합하는 개념이다. 예술가는 퍼포먼스에서 작품을 만들면서 작품의 국면이 되고 그 자신 작품이 되는 것이다. 하나의 놀이 세계는 다른 놀이 세계와 구분되면서 규칙 매뉴얼이나 감독의 관념이 아니라 놀이꾼들의 퍼포먼스의 체계 안에 존재한다. 퍼포먼스에서 그들은 서로 연결되고 그 놀이 세계와 하나가 된다. 놀이의 대동 형이상학의 단초인 것이다.

AI와 한의학?

퍼포먼스 놀이

미술 작품은 하나의 가능 세계다. 박이문의 예술 철학은 미술에 그대로 적용될 수 있다(박이문, 2011). 그는 미술 작품이 진위(眞僞)의 단언적 양상에 관련된 것이 아니라, 현실 세계에 대해 새로운 가능성을 제안하는 개연적 양상이라고 한다. 미술 작품 하나하나가 각기 독립된 가능 세계를 제시하는 것이다. 어느 미술 작품도 서로 비교될 수 없는 것은 각기 진정한 자기 세계의 선언이기 때문이다. 미술가는 하나의 작품을 창작할 때 현실 세계가 아니라 새로운 가능 세계를 표상한다. 미술가의 작품 행위는 현실 세계 순응적이기도 하지만 그 새로움은 다분히 저항적이다. 이러한 양상적 작품 개념은 '죄수 놀이 역설'을 해소한다. '노예의 선택이 진정한 선택이 아닌 것처럼 죄수의 놀이는 진정한 재미의 놀이가 아니지 않는가?'라는 역설이다. 그러나 양상적 미술 작품 개념은 '죄수가 놀이를 할 때 감옥의 억압적 공간으로부터 가능한 자유의 공간으로 입장한다'는 것을 함축한다. 여기서 죄수는 놀이의 문법을 따르면서도 놀이의 주체가 되고 놀이의 주인이 되고 놀이와 하나가 되어 놀이 세계와의 합일을 체험, 자유를 경험한다. 미술 작품을 접하는 사람도 그러한 죄수와 같은 합일, 자유를 체험한다.

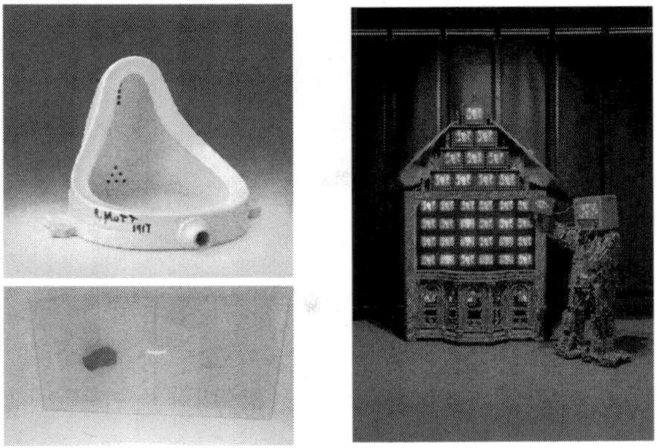

그림 8-1. 좌측 상단: 뒤샹, <샘(Fountain)>, 좌측 하단: 우순옥, <물질비물질(materielleimmaterielle)>, 우측: 백남준, <아방가르드 고고학(Archaeology of Avantgarde)>.

미술 세계는 다양하고 광대하지만 여기서는 세 작가의 작품을 언급하고자 한다. 마르셀 뒤샹(Marcel Duchamp)의 〈샘(Fountain)〉은 많은 논의를 불러일으키면서 미술사에 기여를 했다. 그중의 하나는 "어떤 대상도 기술과 독립한 실체일 수 없다"며 세계 해석을 전환한 것이다. 시장에서 쉽게 구입할 수 있는 남성 변기를 〈샘〉으로 명명해 그러한 전환을 이룩한 것이다. 세계 대상들은 '하나'가 되는 데 본질적으로 다르지 않다는 것을 미술 공간에서 보인 것이다.

백남준의 〈아방가르드 고고학(Archaeology of Avantgarde)〉은 그의 다른 작품들과 더불어 시간과 공간의 가소성(可塑性)을 구현한 작품이다(정대현, 2000). 뉴턴의 절대적, 아인슈타인의 상대적 시공에 익숙한 현대인에게 가소성 개념은 새로운 것이었다. 이제는 버추얼 공간의 등장으로 일상이 되었지만, 백남준은 시대적 선구자였다. 우순옥의 〈물질비물질(materielleimmaterielle)〉은 물질과 비물질의 이분법을 거부한, 심신(心身) 합일의 세계를 보인 작품이다(정대현, 1993).

미술 작품에서 유일한 가능 세계라는 일반적 특징을 볼 수 있었다면, 구체적으로 무용(김말복, 1999)도 그러한 특징을 드러내 준다. 예를 들어 그레이엄(Graham, 2007)의 '나잇 저니'는 모든 무용 작품이 그러하듯 독특하고 유일한 가능 세계를 퍼포먼스로 구성했다. 소포클레스의 『오이디푸스 왕』은 오이디푸스를 비극의 주인공으로 설정했지만, 그레이엄은 다른 비극 개념을 보이기 위해, 오이디푸스의 어머니 요카스타를 비극의 주인공으로 전환한다. 오이디푸스의 비극은 라이오스 왕 살해자 색출 과정에서 그 왕의 아들인 자신이 살해자라는, 인식의 우연적 은폐성에서 발생한다. 그러나 요카스타의 비극은 모자 결혼을 야기한 인식의 한계만이 아니라 인간 선택의 필연적 불운성에서 나타난다. '나잇 저니'는 이러한 그레이엄의 유일 가능 세계를 춤의 퍼포먼스로 구현한다.

여행도 일상에서 벗어나는 놀이다. 단순한 신체적 놀이가 아니라 마음이 다른 것을 만나는 놀이다. 미지의 세계를 탐색하는 동안 자신의 삶을 다른 시각으로 보게 되는 놀이다.

여행은 '인문적'인 활동으로 여겨지는데, 그 이유는 인간의 본질적 특성, 즉 호기심, 학습, 자아 성찰과 깊은 관련이 있기 때문이다. 인문학이 인간의 존재, 사회, 문화, 윤리 등을 탐구하는 학문이라면, 여행은 이러한 탐구를 실제로 경험하게 만드는 과정, 인문학의 현장이다. 인문학의 주관과 객관이 통합되는 시공이다. "세계는 하나의 책이다. 여행을 하지 않은 사람은 한 페이지만을 읽는 것이다"라는 어거스틴(St. Augustine) 또는 토머스 필딩(Thomas Fielding)의 말(wikiqote)은 지금 같은 정보 시대에도 유효하다. 여행은 놀이의 진수의 한 국면, 인문학의 한 봉오리 꽃일 것이다. 여행을 하는 모든 사람이 여행기를 쓸 수 있기를 바란다.

음악 형이상학

놀이의 형이상학을 구성하는 것은 지난한 과제다. 그러나 음악의 형이상학을 선도자들의 업적을 통해 접근할 수 있다면 이를 놀이의 지평에 일반화해 볼 수 있을 것이다. 음악에 대한 철학적 성찰은 전통이 오래되었다. 피타고라스(Pythagoras)는 음악이 수학적 구조를 가지고 있으며 우주의 언어라고 생각했고, 아르투어 쇼펜하우어(Arthur Schopenhauer)는 경험 세계의 근원에 오직 하나의 혼융 일체된 세계 의지만이 존재하고 음악이 바로 그 형이상학적 의지의 음성이라고 생각했다(박찬국, 2007).

주커칸들(Zuckerkandl, 1992)은 음악에 대한 형이상학적 구조를 보다 구체적으로 제시한다. 그는 시간의 순간들은 평등하지만 음 그리고 음악은 물체가 가로막는 시야를 물리적 힘을 통한 법칙적 활동으로 개시한다고 본다. 음악은 청자의 내부로 침투, 그 질서를 전달해, 참여를 의식하게 만든다. 물리적 현상 중에서 음악만이 우리의 감각을 비물리적인 어떤 것과 마주 보게 하여, 음악이 말하고 뜻하는 것을 만나게 한다는 것이다. 그리하여 볼 수 없는 어떤 상태를 볼 수 있는 사물보다 더 신성하게 하여, 초월이나 진리를 향하게 한다는 것이다.

예술을 "주관적인 것과 객관적인 것의 대립"으로 상정하는 쇼펜하우어에 대해, 니체(Nietzsche, 2007)는 "대립 그 자체가 미학에서는 도대체 부적합하다"라고 주장한다. 주체가 예술가인 한 그는 이미 자신의 개인적 의지로부터 해방되어 있으며, 진실로 존재하는 주체(세계영혼)가 가상 속에서 자신의 구원을 자축하는 것을 돕는 매체가 된다는 것이다. 삶과 세계는 미적 현상으로서만 정당화되기 때문이다. 이제 천재적인 음악가는 '주체인 동시에 대상이고, 또 동시에 시인이자 배우이며 관객'이기도 하여, 음악 속에서 디오니소스적 황홀경에 들어, 죽음을 극복할 수 있는 것이다.

니체는 데카르트의 실체로서의 공간적 연장보다는 실재로서의 시간적 리듬의 중요성에 주목했다(Nietzsche, 2007: 301). 사물들을 공간적 연장의 차이로 구분하기보다는 리듬의 시간적 흐름을 통한 만물의 융합 가능성의 순간으로 해석하는 것이다. 음악은 단순한 소리의 연속이 아니라 질서 있는 구조, 효과의 체계, 자율에 열려 있는 리듬의 운동이다. 움직이는 리듬의 파도는 물리적인 소리와 비물리적인 뜻이나 생각의 결합이 아니라, 청자의 의식에 침투할 때 긍정적인 조건하에서 의식은 리듬의 운동 방향으로 흐른다. 그래서 음악은 자신을 잊으려

할 때 요구된다. 아기를 잠재울 때, 군중을 흥분시키거나 열광케 할 때, 무희나 종교 신도를 무아 경지에 이르게 할 때 음악은 도움이 된다. 청각 이외의 감각으로 세계를 만나는 경험과 청각을 사용한 음악을 통해 세계를 만나는 것은 다르다. 음악만이 개별화된 사물들의 근저에 있는 "세계 의지를 표현"하고, "형이상학적 의지의 음성"을 들을 수 있게 한다는 것이다.

음악 언어는 어떻게 그러한 '의지'를 표현할 수 있는가? 이러한 물음을 향해 하나의 가설적 제안을 해 볼 수 있다. '리듬과 의식의 관계는 지시어와 지시체의 이분적 관계가 아니라 의식에 나타난 리듬 자체가 기표이면서 기의가 된다.' 반가운 사람을 만났을 때 우리의 손짓이 인사의 기표이면서 기의인 것과 같다. 선율의 리듬이 인도하는 대로 우리의 의식은 기쁨, 슬픔, 환희, 비통, 열광, 분노에 이르기도 한다. 음악의 세계는 적절한 조건하에서 우리의 의식을 그 세계와 일치시키는 것이다. 그러한 융합의 경험은 개념을 통해서가 아니라 우리의 의식이 음악 작품이 유지하는 만물 융합의 질서에 합일하는 데서 성취된다. 여기서 우리는 현실적이고 우연적인 개성의 자기를 넘어 보다 보편적인 타당성을 향한 질서를 만날 수 있게 된다. 니체(Nietzsche, 2007: 206-208)

가 지적하는 대로, 그러한 경험에서 인간은 근원적 존재 자체가 되어서 제어하기 어려운 생존욕과 생존의 희열을 체험하고, 디오니소스적인 황홀을 예감할 수 있는 것이다. 그것은 우리가 근원적 일자(cosmic fusion)로서 존재하기 때문이라는 것이다. 음악이 인간 구원의 한 형식이 되는 것이다.

앞에서 논의한 음악의 형이상학은 다음의 여섯 명제로 요약할 수 있다.

(M1) 음악의 소리는 기표와 기의의 통일체다.

(M2) 시야를 가로막는 물체의 장벽을 넘게 한다.

(M3) 소리 가능 세계를 외연적으로 내포적으로 무한하게 확장한다.

(M4) 의식에 침투, 리듬의 운동 방향으로 이끌고, 형이상학적 의지의 음성을 듣게 한다.

(M5) 우연적인 개성의 자기를 넘어, 보편적인 타당성 질서, 세계 의지를 만난다.

(M6) 주객 대립을 극복, 세계영혼에 참여해 자신과 청자를 구원한다.

놀이의 형이상학

이러한 음악의 형이상학의 체계는 놀이 경험 전체로 일반화해 다음과 같은 놀이 형이상학의 여섯 명제로 나아갈 수 있을 것이다.

(P1) 운동 놀이의 인간 동작은 기표와 기의의 통일체다.

(P2) 사회 조직과 자연 불통의 장벽을 넘게 한다.

(P3) 놀이의 가능 세계를 외연적으로 내포적으로 무한하게 확장한다.

(P4) 의식에 침투, 놀이의 운동 방향으로 이끌고, 그 놀이 체계의 의지의 음성을 듣게 한다.

(P5) 우연적인 개성의 자기를 넘어, 놀이 체계의 보편적인 의지를 만나게 한다.

(P6) 주객 대립을 극복, 놀이 세계에 참여해 자신과 참여자를 구원한다.

'놀이가 예술'이라는 명제를 수용하고, '예술 형이상학'에 대한 기존의 논의에 수용적일 수 있다면, 우리는 이러한 '놀이의 대동 형이상학'에 이를 수 있을 것이다.

참고문헌

김말복(1999). 『무용의 이해』. 예전사.

김민희(2022). 니체의 디오니소스적 관점에서 본 축제연구. 단국대학교 대학원 학위논문.

김정현(2007). 니체와 현대예술의 탄생. ≪니체연구≫, 11집.

박이문(1983). 양상론적 예술의 정의. 『예술철학』. 문학과지성사.

서광열(2016). 디오니소스적 세계관과 공동체의 가능성. ≪대동철학≫, 43-73쪽.

이주향(2019). 운명애, 자기에 이르는 생명의 춤. ≪니체연구≫, 36, 85-103쪽.

정낙림(2016.4). 놀이와 형이상학-니체, 하이데거, 핑크의 놀이 사유. ≪니체연구≫, 29집, 7-47쪽, 한국니체학회.

정대현(1993). 우순옥의 삶과 세계. ≪공간≫, 308호, 96-99쪽.

정대현(2000). 넓은 기호의 영상. ≪기호학연구≫, 7집, 11-40쪽, 한국기호학회.

Ask MetaFilter(2010.4.25.). Source of supposed Augustine quote?, https://ask.metafilter.com/152177/Source-of-supposed-Augustine-quote

Augustine of Hipppo. Wikipedia entry on Augustine of Hippo, https://simple.wikipedia.org/wiki/Augustine_of_Hippo

Graham, M.(1961). Night Journey. *Martha Graham Dance on Film: The Criterion Collection 406*, https://www.criterionforum.org/forum/viewtopic.php?t=6461

Nietzsche, F.(1872). *Die Geburt der Tragodie*. Leipzig: Fritzsch. 박찬국 옮김(2007). 『비극의 탄생』. 아카넷.

Zuckerkandl, V.(1992). *Sound and symbol*. Princeton University

Press. 서인정 옮김(1992). 『소리와 상징』. 예하.

09
가상 세계의 편재성

가상 세계는 인간 질서에 편재적으로 끼어들고 있다. 물리적 공간 이외의 모든 인공 공간을 가상 공간이라 할 수 있다면 그러한 것이다. 기존의 예술 공간은 물론 컴퓨팅으로 가능해진 공간은 현대인이 살고 있는 가상 세계의 국면을 보이고 있다. 핸드폰 등을 통해 마음만이 '확장'된 것이 아니라 삶의 공간이 '확장'되고 있다. 또한 사람의 노는 세계가 '확장'되고 있는 것이다. 보다 구체적으로 다가올 가상 세계의 질서에 대해 데이비드 차머스의 기여에 기반한 성찰을 할 수 있을 것이다.

AI와 화장품?

제임스 터렐의 〈스카이스페이스〉

제임스 터렐(James Turrell)의 〈스카이스페이스(Skyspace)〉는 하늘과 지상의 공간을 결합한 사차원적 방에 설치된 작품이다. 그날의 관람객 우리 네 사람은 방에 입장해 벽 쪽으로 놓인 벤치에 앉아 방의 천장에 뚫린 타원형의 하늘/빛을 본다. 그날 날씨가 청명해서 좋았다. 비가 오면 천장의 문을 닫고 '인공 빛'이 들어온다고 한다. 자연의 날씨가 작품의 성격 그리고 작품의 동일성에 시간적으로 개입하는 것이다. 전통적 예술 작품은 고정된 기술에 의존해 그 작품의 실체성이 유지되는 경향이 있다. 네 사람이 방의 내부를 걸으면, 검은 돌의 바닥에 반사된 천장창의 하늘이 각자에게 그려지고 발걸음을 좇아 각자가 소유하는 하늘이 따라온다. 방의 가운데로 걸어가면 거기에 반사된 하늘로 빠진다. 방의 출구에 서면, 천장의 하늘은 동그란 원형으로 나타난다.

〈스카이스페이스〉는 공간상에 존재하는 하나의 작품이지만, 특정한 공간에 실체화된 전통적 작품이 아니다. 우리 네 사람에게 달리 지각되고 경험될 뿐 아니라 각 개인에게도 순간마다 달리 나타난다. 벤치에 앉았을 때 나는 작품 안에 있지만 작품과 구분되었다. 그러나 내가 걸을 때 작품의 하늘은 나를 따라오면서 작품과 상호 작용하는 대화가 이루어진다. 그러나 방의 중앙에 들어갈 때 나는 하늘로 빠지면서 작품과 하나가 된다. 하늘빛이 작품의 대상이었지만 이젠 작품의 주체가 되면서 나를 그 안에 융합시키는 것이다. 타원형의 하늘로 시작한 경험이 방을 나올 때 동그란 원형의 하늘로 끝났다. 우주의 시작과 완성을 그리는 것일까? 터렐의 〈스카이스페이스〉는 내가 작품과 하늘과 하나 되게 하는 '예술과 놀이가 하나'라는 명제의 진수를 보인다. 사차원적 설치 작품이면서 모두가 하나 되는, 모든 차원이 증발하는 0차원의 수행 작품이다. 컴퓨터 기반의 가상 현실을 낯설게 하지 않는, 가상 현실의 전조적 작품이라 할 것이다.

차머스-가상 현실

가상 세계는 미술적 '상상력'으로 보여지지만, 데이비드 차머스(David Chalmers)의 기여로 철학적 '상상력'으로도 볼 수 있다. 차머스는 가상 세계를 플라톤적 이분법적 대치로부터 현실의 융합적 질서로 통합한다. 우선 가상 세계의 '가상(virtual)'의 의미 요소를 몇 가지로 나열한다. 가상 세계는 먼저 가상-오리처럼 오리-외양(as if)을 보이는 속성을 갖는다. 가상 세계는 물리 세계나 삼차원의 공간에 기반하지 않으면서 가상 공간의 특성들에 의

존한다. 그리고 가상 세계는 가상-도서관처럼 컴퓨터에 기반해 있다. 가상 공간은 추상적 성격, 수학적 질서로 구성되는 것이다. 또한 가상 세계는 비디오 게임에서처럼 지각적, 심리적, 시청각적으로 몰입적이고, 아바타의 사용에서처럼 상호 작용적이다. 가상 세계의 이러한 개념적 모습은 '가상 세계가 확장된 실재의 부분'이라는 논제를 지지하면서 또한 '놀이의 질서'를 함축한다.

가상 현실에 대해 차머스가 주목하는 것은 그 정보론적 성격과 모의 세계적 특징이다. 존 휠러(John Wheeler)는 '모든 물리적 대상은 그 구조적 정보에 기반해 있다'는 정보 물리학 명제를 수용해, "사물은 정보로부터 가설(the it-from-bit hypothesis)"을 제안한다. 물리학 자체가 구조적 정보론이라고 한다(Chalmers, 2022: 173-179; 정대현, 2022b). 원자는 입자에, 쿼크에 기반하고 그 기저 차원에서 어떤 알고리즘에 따라 상호 작용하는 정보를 상정한다. 우리는 그 정보의 상호 작용을 사용해, 공간과 시간에서 상호 작용하는 질량과 전하로써 입자와 파동을 구성할 수 있는 것이다. 알고리즘에 기반한 디지털 물리학에 도달하는 것이다. 그러면 디지털 물리학은 표준 물리학을 실현한 것이 된다. 그러면 입자나 전자의 관찰은 '정보'들의 패턴으로 나타날 것이고,

광자의 관찰도 특정 정보들의 패턴이 된다. 그러한 패턴 속에서 광자는 수학적 역할을 하는 구조를 갖게 되고 특정한 디지털 단위가 된다. 가상 세계는 디지털 물리학 또는 표준 물리학에 이어지고 있는 것이 보이는 것이다.

가상 세계는 또한 모의 세계의 성격을 갖는다. 차머스는 이를 구체적으로 보이기 위해 '모의 세계'와 '가상 세계'를 동치화하고자 한다. 이 기획은 가상 세계와 모의 세계를 동치화할 수 있다는 것을 보여야 한다. 첫째 단계는 4차원적 공간과 시간의 '유니버스'와 실재의 온 영역인 '코스모스'의 구분이 필요하다. 그리하여 '유니버스'를 '모의'의 대상으로 취하는 것이다. 이렇게 구성된 '모의 세계'라야 '유니버스'를 반영한 표준적 물리학의 수학적 구조를 모의하는 디지털 물리학에 도달해 일상에서 경험하는 '가상 세계'와 동치적이 되는 것이다 (Chalmers, 2022: 127-128). '유니버스'는 시간, 공간, 인과를 기초적 속성으로 요구하지만 '코스모스'는 이들을 기초적으로 보지 않고 구조적 정보론으로부터 추리해 낼 뿐이다.

현 단계의 '모의 세계론'은 '코스모스' 그리고 '의식' 같은 주제를 어려운 과제(Chalmers, 1996; 정대현, 1998; 정대현, 2022a)로 만나고 있다. 그러나 이들에 대해서도 그 설명 방식을 기다려 볼 수 있을 것이다. 코스모스 동치성이나 의식의 과제는 주관과 객관의 이분법을 전제하는 경우 발생하지만 음양적 자연주의(정대현, 2024)나 앨프리드 노스 화이트헤드(Alfred North Whitehead)의 과정 철학(Whitehead, 1929) 같은 다른 대안을 살펴볼 수 있을 것이다. 중요한 것은 가상 세계의 자산을 어떻게 살릴 수 있는가에 주목하는 것이다. 가상 세계에서는 무제한 태양 에너지, 인공지능 등의 활용으로 인간은 노동으로부터 해방되고, 보편적 기본 소득 제도를 도입해 표면상 결핍 부재의 사회로 전환할 것으로 전망한다. 그러나 부는 기업체에 편중되고 지위적 자산(명예, 명성, 존경, 여러 종류의 영향력)은 소수에 한정되고 관계적(인종, 성, 계급, 지역, 민족) 불평등은 지속될 가능성도 크다. 가상 세계의 창조적 자원은 이러한 상황에 변화를 줄 수 있어야 할 것이다. 가상 세계는 한편으로 그 자체로 놀이 공간이면서 다른 한편으로 또한 사람의 놀이 공간을 진작하는 데 기여할 것이다.

참고문헌

정대현(1998). 유물론과 데카르트의 동시 극복: Chalmers, The Conscious Mind. ≪철학과 현실≫, 39호, 297-304쪽.

정대현(2020). 다원주의와 상대주의를 위한 이것 실재론. ≪철학논고≫, 2집, 5-34쪽, 단국대학교 철학연구소.

정대현(2022a). 양자역학 철학과 심학십도 - 장회익의 자연철학 강의. ≪철학≫, 150, 333-343쪽, 한국철학회.

정대현(2022b). 확장된 실재-가상세계의 철학적 과제-서평: Chalmers, Reality+ . ≪철학연구≫, 138, 143-156쪽, 철학연구회.

정대현(2024). 유불도 융합론의 음양적 우산. 박소정 외, 『한국철학의 소통과 확산』(27-56쪽), 성균관대학교 출판부.

Chalmers, D. J.(1996). *The conscious mind: In search of a fundamental theory*. Oxford University Press, 1996.

Chalmers, D. J.(2022). *Reality+ : Virtual worlds and the problems of philosophy*. Oxford University Press.

Turrell, J.(2012). 〈스카이스페이스〉. Museum SAN, https://www.museumsan.org/eng/james/product.jsp?m=3&s=2

Whitehead, A. N.(1929). *Process and reality*, The Free Press(on line), https://antilogicalism.com/wp-content/uploads/2018/04/process-and-reality.pdf

10

삶의 현재성으로서 놀이

이 책의 결론을 쓰고자 하는 아침에 홉필드와 힌턴이 2024년 노벨 물리학 수상자로 발표된 기사를 읽었다. 인공 신경 회로와 기계 학습에 대한 이들의 기여를 노벨상으로 인정한 것은 이 책이 지향하는 '자연종 인간'과 '인공종 인간'의 대비에 근거한 선제적 인문학의 사변 이론적 지향을 과학적 차원에서 '공식화'한 것으로 해석할 수 있을 것이다. 의식 난제에 대한 양자 컴퓨팅에 의한 해소 가능성을 부정하지 않으면서도 그 가능성의 의문이 유의미한 동안 이 대비는 자연종 인간이 떠안고 살아야 한다.

종교와 AI?

의식의 신비

이 책은 '자연종 인간과 인공종 인간'의 구분을 전제해서 제안하는 인간론이다. 그러나 양자 컴퓨팅이 들어오면 이 구분은 사라질 가능성을 열어 두고 있다. 구분은 절대적이 아니라는 것이다. 그러나 현재의 단계에서 의식을 인공종 인간에게 장착할 수 있는가에 대한 신비가 있다(정대현, 2017: 13). "의식은 생물적도 아니고 계산적도 아니다"라는 신비다. 이 신비는 풀리지 않으면서 인공종 인간 로봇은 급속하게 발전할 것이다. 그 발전에 따라 자연종 인간 사람은 어느 개체가 사람인지 로봇인지 구분할 수 없을 정도로 발전하는 것이다. 그 개체에 대해 '인식적' 구분을 할 수는 없지만, 그 개체는 의식 유무의 '존재적' 구분으로 사람이거나 로봇인 것이다. 사람들은 그 개체에 대해 '존재적'으로 판단 유보를 해야 한다. 사람들은 그 개체의 의식성 유무의 신비 앞에 겸손해야 하는 것이다.

의식의 신비가 언제 풀릴 것이지 예측하기 어렵다. 그렇다면 사람과 로봇은 더불어 살아야 한다. 사람이 자신보다 '기능적으로' 뛰어난 로봇과 더불어 살 수 있어야 한다. 이것이 선제적 인문학이 필요한 까닭이다. 로봇이 인간 역사가 발전하면서 이룩해 낸 사회 윤리 질서를 수용할 수 있어야 한다. 인간 역사는 동서양의 상이한 특이성에도 불구하고 약자를 배려하고 불쌍한 자를 측은하게 여기고 이웃을 사랑하는 사회 윤리 질서를 공유하고 있다. 로봇이 그 기능적 우수성으로 사람의 이러한 사회 윤리 질서를 거부한다면 사람과 로봇은 더불어 살 수 없을 것이다. 선제적 인문학은 사람과 로봇이 공유할 수 있는 그러한 공존의 질서를 구성해야 하는 것이다.

화목의 가능성

인공지능의 현재 단계에서는 사람이 로봇과 사람을 구분할 수 있을 것이지만, 양자 컴퓨팅이 도입되는 로봇은 특이점 인공지능으로 장착될 것이다. 그러면 사람은 로봇과 사람을 '인지적으로' 구분할 수 없을 것이다. 서로를 알아볼 수 없을지라도 조화롭게 살 수 있어야 한다. 이를 위한 '일상적 사례'를 들 수 있을 것이다. 사람들은 일상에서 선인 · 악인이 선명하게 구분되지 않는 문맥에서 잘 살고 있다. 일상에서 거짓말쟁이, 도둑, 사기꾼, 간첩, 독재자 같은 사람을 옆에 두고서도, 알아보지 못하고, 사람들은 잘 살고 있다. 어떻게 그러한가? 사람들은 '큰 틀의 규칙'을 신뢰하고 존중하는 것이다. 사람들의 선대가 그렇게 살아 온 것이다. 우리가 로봇들을 알아보지 못한다 할지라도 합리적으로 살아갈 수 있는 '큰 틀의 규칙' 체계를 선도적으로 구성할 수 있어야 할 것이다.

사람과 로봇이 서로 다른 것을 추구하는 경우에도 잘 지낼 수 있을 것이다. 로봇은 놀이를 추구하지 않는다. 로봇은 자신이 잘할 수 있는 것을 하는 것이다. 자신에게 기대되는 것이기도 하고 자신이 기획한 것일 수도 있다. 그러나 로봇은 놀려고 하지 않는다. 그에 반해 사람은 놀려고 한다. 노는 것은 사람의 본성 또는 유전자에 박혀 있는 것일 수 있다. 사람들 특히 한국인은 음주가무를 일반적으로 좋아한다. 겉으로는 일상으로부터의 탈피지만 심층적 차원에서 초월의 순간을 맞을 수 있기 때문일 것이다. 종교성은 바로 여기서 나타나는 것이 아닐까? 무종교인이라 할지라도 음주가무의 양식에 들어 있는 놀이의 초월성을 바란다. 놀이에 대해서 사람과 로봇이 다른 것을 추구한다는 것이 서로를 반목하게 하는 근거일 수 있는가? 사람들이 서로 다른 삶의 스타일을 추구하면서도 상호 존중할 수 있는 것처럼, 사람과 로봇도 서로 다른 것을 추구하면서도 서로를 존중할 수 있을 것이다.

자연종 인간과 로봇종 인간의 대동

사람들은 수많은 놀이를 한다. 다양한 레이블의 언어는

놀이의 다양성의 상징이다. 그리고 어떤 놀이든 간에 그 안에서 사람들은 하나가 된다. 사람들은 알건 모르건 간에 천인합일의 '대동(大同) 놀이'를 하고 있는 것이다. 이를 일반화하면, 사람의 삶 자체가 대동 놀이인 것이다. 사람의 삶은 몸과 마음의 연주(performance)다. 연주는 기호와 기의가 분리되지 않고 무용수의 무용 동작에서처럼 합일되어 있다. 놀이에서 인간의 몸과 마음은 합일되어 자유하게 되고 그 자신뿐만 아니라 다른 세계와의 합일에 이를 수 있는 것이다. 로봇은 일을 하지만 로봇의 일도 그 한정적 차원에서는 일종의 '언어 놀이'라 할 수 있을 것이다. 로봇종도 자신의 일을 통해 한 차원의 대동에 이른다 할 것이다. 로봇들이 각기 다른 일을 하지만 그 나름의 언어 놀이를 하는 차원에서 일을 통해 로봇들이 '하나'가 되는 것이다.

'로봇이 일하고 사람은 노는 세계'가 도래하고 있다. 각자가 맡은 일을 하면서 각자의 '개인적 대동'을 따로 이루면서 또한 함께 이룩하는 '보편적 대동'에 이를 것이다. 둘은 하나인 것처럼! 로봇과 사람은 현재를 함께 영웅화할 수 있을 것이다.

참고문헌

김선희(2021). 『인공지능, 마음을 묻다』. 한겨레출판.

정대현(2017). 알파고: 나는 자연종 인간과 둔 바둑을 이겼다-로봇종 인간의 의식론 서설. ≪과학철학≫, 20(3), 1-30쪽, 한국과학철학회.

정대현(2021). 인공지능을 향한 길: 얼마나 왔을까? 서평-김선희, 인공지능, 마음을 묻다. ≪철학적 분석≫, 46집, 99-110쪽, 한국분석철학회.

Metz, C., et al.(2024.10.9). Google triumps on the Nobel stage as tough antitrust fight looms. *The New York Times*, https://www.nytimes.com/2024/10/09/technology/google-nobel-prize-antitrust.html

Taylor, D. B., et al.(2024.10.8). Nobel physics prize awarded for pioneering A.I. research by 2 scientists. *The New York Times*, https://www.nytimes.com/2024/10/08/science/nobel-prize-physics.html?smid=url-share

정대현

정대현(丁大鉉, Daihyun Chung)은 이화여자대학교 철학과 명예교수다. 이화여자대학교에서 언어철학, 심리철학, 형이상학 등을 가르쳤다. 철학연구회 ≪철학연구≫, 한국인지과학회 ≪인지과학≫, 한국분석철학회 ≪철학적분석≫의 편집위원장직을 역임했다. 저서로 『솔 크립키』, 『한국현대철학, 그 주제적 지형도』, 『이것을 저렇게도: 다원주의적 실재론』, 『심성내용의 신체성: 심리언어의 문맥적 외재주의』, 『맞음의 철학: 진리와 의미를 위하여』, 『필연성의 문맥적 이해』, 『한국어와 철학적 분석』 등이 있다.

chungdhn@ewha.ac.kr